未来科学家素养课程基地
实践实录

李广耀 编著

苏州大学出版社

图书在版编目(CIP)数据

未来科学家素养课程基地实践实录/李广耀编著
.—苏州：苏州大学出版社,2021.11
 ISBN 978-7-5672-3724-7

Ⅰ.①未… Ⅱ.①李… Ⅲ.①中学-课程建设-教学研究-江苏 Ⅳ.①G632.3

中国版本图书馆CIP数据核字(2021)第220507号

未来科学家素养课程基地实践实录

李广耀 编著

责任编辑 严瑶婷

苏州大学出版社出版发行
（地址：苏州市十梓街1号 邮编：215006）
苏州工业园区美柯乐制版印务有限责任公司印装
（地址：苏州工业园区双马街97号 邮编：215121）

开本 700 mm×1 000 mm 1/16 印张15.5 字数254千
2021年11月第1版 2021年11月第1次印刷
ISBN 978-7-5672-3724-7 定价：45.00元

图书若有印装错误，本社负责调换
苏州大学出版社营销部 电话：0512-67481020
苏州大学出版社网址 http://www.sudapress.com
苏州大学出版社邮箱 sdcbs@suda.edu.cn

《未来科学家素养课程基地实践实录》
编 委 会

主　任　李广耀
编　委　陈国良　王　明
　　　　肖丽英　沈　健
　　　　范世祥

前言 Preface

江苏省太仓高级中学自2017年开始筹建"未来科学家素养课程基地",于2019年申报省级课程基地并获立项。

课程基地自建成以来,在转变教学方式,促进实践研究,优化研究性教学,巩固学生核心素养,提升学生综合素养,转变人才培养的思路和方式,引领学生多元发展、高效学习,激发学生学习兴趣,挖掘学生学习潜能等诸多方面开展了卓有成效的工作,取得了不错的成绩。"未来科学家素养课程基地"以新时期教育改革为契机,以转变课程实施方式为着力点,以创设新型学习环境为主线,以提升学生核心素养为最终目标,让学生在具体活动中研究、探究、实践、领悟,从而有效地发现人才、挖掘潜能,为其成为未来科学家夯实基础、提供先期体验。针对该课程基地,学校主要围绕教学环境、体系构建、课程资源、互动平台、教师发展、学生实践等六个方面来建设。

1. 教学环境

在基地核心理念的指引下,学校特别注重学科文化的建设和科学精神的引领,创设了特色鲜明的基地教学环境。在基地教学环境的布置中,始终强调学科探索精神和人文素养、社会主义核心价值观的有机结合与互相渗透。目前,共建有"一厅"(科技展厅)、"四室"(科技教室、创新教室、人工智能实验室和斯坦福生化实验室)。

2. 体系构建

基地建设了通识普及、延伸提高、创新拔尖三级课程体系。在课程实施的过程中,始终贯彻研究性教学思想。通过研究性教学,变革教学模式,让课堂成为精神家园;变革教师教学行为,让教学成为研究;变革学生学习方式,让学习成为创造。

3. 课程资源

学校开发了丰富的课程资源。在国家课程校本化的实施中，形成了固定的研究性教学课堂活动流程。学生一进入高中，就开始接受普及类必修课程的学习。普及类必修课程主要包括 STEM[1] 课程，以及"专家进校园"系列科普讲座，并利用地理位置的优势，引进高校的优秀师资及科技力量，重点给学生开设普及类的 STEM 课程。提高类选修课程主要以学生在社团选修学习，并在其中融入课程基地理念的形式来实施。目前已建的社团有机器人社团、无人机社团、DI（Destination Imagination）社团、乐高机器人社团、人工智能社团、激光雕刻社团、3D（three dimensions）打印社团、天文观测社团、斯坦福生化创新实验社团、VR（Virtual Reality）虚拟社团等。创新类选修课程主要是竞赛类及开发制作类的项目学习课程，为学生提供更高层次的研究性学习。我校教师已编写了《未来科学家素养课程基地——STEM 课程》等 10 本校本教材。

4. 互动平台

基地现已建成课程资源的发布平台（班牌系统）、在线教学的互动平台（VR 在线课程与科技之光课程）、课程资源的分享平台及信息反馈检测平台等完善的互动平台系统。这些网络互动学习拓宽了学生科学素养培养的途径。

5. 教师发展

自基地建设以来，学校召集了一批骨干教师，成立了综合教研组，强力打造"基地名师"工程，积极组织教师深造和参加各级培训。学校还开展了大范围、高密度的校际交流和校本教研活动，组织教师团队定时定点开展课程研讨，加强教师队伍的建设。各教研组各司其职，有序开展课程基地相关活动，已开展 2 项苏州市课题研究，并开发了 8 门校本课程。一年来，教师在创新型自制教具比赛中获二等奖 2 项，三等奖 1 项；在实验教学论文比赛中获一、二、三等奖各 2 项。

6. 学生实践

依托课程基地，学校在暑假期间定期组织夏令营活动、学科月活动、飞天讲堂活动、名校研学活动、科技节活动等。学生在实践活动中

---

[1] STEM 是科学（Science）、技术（Technology）、工程（Engineering）、数学（Mathematics）四门学科的简称。

开阔技术视野、提升实践能力、感受和探索未来科技、体会动手与创新的乐趣。三年来，参加各类国家级、省市级比赛的学生达千人次。

课程基地在建设过程中，需进一步搭建教师发展平台，组织教师专业化培训，让更多的教师尽快成长起来；更需要关注学生的实践活动，要借力发展，引进高校、科研院所的力量，整合校内外资源，将学生的实践活动项目化、系列化、课程化；还需持续与高校团队合作，与我校骨干教师共同建立未来科学家素养课程的评价体系。在课程开发方面，需进一步满足学校创新拔尖人才培养的资源需求，打磨课程质量，提升课程内涵，让"立德树人"根本任务和德、智、体、美、劳"五育"并举目标真正落地。

李广耀

目录 Contents

第1章 未来科学家素养课程建设的背景 / 1
第1节 江苏省太仓高级中学的传承与开拓 / 2
第2节 未来科学家素养课程建设的目的与现状 / 9

第2章 未来科学家素养课程建设的理论 / 21
第1节 未来科学家素养的探讨 / 22
第2节 未来科学家素养课程的理论基础 / 32
第3节 未来科学家素养课程的系统构想 / 39

第3章 未来科学家素养课程建设的实践 / 47
第1节 未来科学家素养课程的实施策略 / 48
第2节 未来科学家素养课程的教学模式 / 52

第4章 学生对未来科学家素养课程的评价 / 63
第1节 学生问卷调查设计与结果分析 / 64
第2节 学生访谈提纲设计 / 70

第5章 教师对未来科学家素养课程的评价 / 107
第1节 教师专业发展目标 / 108
第2节 教师专业发展成效分析 / 113
第3节 教师专业成长案例分析 / 142

第6章　国家科学类课程校本化案例 / 147

第1节　简易游标卡尺的制作 / 148

第2节　量子计算机基本原理 / 152

第3节　基于科学史的探究性教学
　　　　——以"生物膜的流动镶嵌模型"为例 / 155

第4节　基于科学探究的高中生物课堂探索
　　　　——以"生物膜的流动镶嵌模型"为例 / 159

第5节　基于培养生物科学素养的高中生物课堂探索
　　　　——以"基因突变和基因重组"为例 / 163

第6节　基于虚拟现实技术，培养中学生地理核心素养的应用
　　　　——以"地球的宇宙环境"为例 / 166

第7节　基于虚拟现实技术，培养中学生地理核心素养的应用
　　　　——以"极地地区"为例 / 171

第7章　延伸提高类课程校本化案例 / 177

第1节　无人机飞行及航拍操作 / 178

第2节　无人机挑战飞越障碍物 / 181

第3节　IYPT实验探究 / 184

第4节　电子闪光灯的设计和制作 / 191

第5节　激光雕刻的原理及软件的使用 / 196

第8章　创新拔尖类课程校本化案例 / 199

第1节　数学奥赛——高斯函数 / 200

第2节　物理奥赛——直线运动 / 202

第3节　化学奥赛——气体与平衡 / 207

第4节　生物奥赛——光合作用概念 / 210

第5节　信息奥赛——数据结构之线性表 / 217

第9章　大学先修类课程校本化案例／219

　　第1节　曲边梯形的面积／220
　　第2节　汽车行驶的路程／224
　　第3节　定积分的概念／226
　　第4节　质点运动的描述／229

第1章

未来科学家素养课程建设的背景

第1节 江苏省太仓高级中学的传承与开拓

云海苍苍，娄水泱泱，娄江之畔，闪耀着一颗教育明珠——江苏省太仓高级中学（简称"省太高"）。自1995年特别是创建国家示范高中以来，学校践行规范，求真务实，开拓进取，凝练了"上下齐心、众志成城、争抓机遇、努力拼搏"的省太高精神，形成了"以育人为本，让每个学生得到最优发展"的办学思想，明确了"志远业精"的校风，"严谨认真"的教风，"勤学善思"的学风，确保了学校持续高位发展。"十三五"期间，学校秉承"循正守真，志远业精"的发展思路，谋求走特色、创新发展之路。

一、百年历史，赓续文脉

省太高前身系创建于1907年"废科举，力行新学"的清末太仓州属中学堂（溯源为清朝太仓州考试院）。学校有着优良的办学传统和深厚的文化底蕴。首任校长袁希涛先生为近代中国基础教育发展奠基人，次任校长唐文治先生首倡"第一等品格"教育。1995年7月初，根据江苏省教委高中分离政策，与市一中分离，时名太仓高级中学。1997年，学校被评为江苏省重点高中。1999年，学校率先成为国家级示范性普通高中，2004年3月被评为江苏省首批四星级高中，2009年、2016年通过复审。为了促进学校的可持续发展，同时满足太仓人民对优质高中教育的需求，学校于2011年8月整体搬迁至太仓科教新城，新校区占地面积13.2万平方米，建筑面积约5.5万平方米。

二、文化传承，"五育"并举

在文化传承层面，省太高继承发扬学校自21世纪以来的研究性学习优良传统，并努力升级改造，向研究性教学、多元实践教学发展；在办学理念层面，牢牢抓住"以人为本"的教育发展时代脉搏；在科学质量观层面，提出"不仅要为学生的三年负责，更要为学生未来的三十年负责"。最终形成具有省太高特色的办学理念，即以"育人为本，最优发展"为圆心,以"多元课程体系,倡导因材施教"为半径,以"生涯发展,家校愿景"为圆周,以"学生中心,政策法规"为基准,以"人文奠基,科技见长"为理念,以"循正守真,志远业精"为信念,以"争创江苏省高品质示范高中"为同心圆,对学校进行了系统规划,长远布局。学校自异地兴建之后,潜心办学、努力拼搏,传承"研究性学习"传统,挖掘校训"志远业精"内涵,逐步形成"志远"育德课程体系、"业精"育才课程体系,坚持从课程发展的角度落实"立德树人"总体要求,坚持"五育"并举,培养德才兼备、全面发展的人。同时学校因地制宜、因利乘便,依托人才发展的地域性传统,提出创建"人文底蕴、科技见长"、以科技创新教育为特色的高品质高中的办学目标。

学校重视文化育人,校园文化符号凸显学校精神内涵。学校校徽(图1-1)以省太高的拼音首字母"STG"为设计元素,构成这三个字母的组合,既象征着省太高这个教育平台,又表明了学校的属地。字母"T"设计成托举向上的手的形状,展现省太高对学生的关爱、教导,以及教师的严谨认真的作风。在这样的教育平台上飞翔的鸽子,象征着学生们在省太高这个大环境的熏陶、教育下,振翅高飞,奔赴前程,也象征着省太高的发展未来。校徽以暖色调展现,色彩丰富,既能代表多姿多彩的校园文化,又象征了学校的发展前景。校歌《托起明天的太阳》,自信、豪迈、富有朝气,呼应学校的文化雕像《托起明天的太阳》(图1-2),传递面向未来教育新才的精神内涵。

图1-1 江苏省太仓高级中学校徽

图1-2 雕像《托起明天的太阳》

三、管理为经，学术为纬

学校在校领导班子的带领下，坚持奋发有为的教育理想：培养一群有境界、有思想、有品位的教师，办一所有影响、有质量、有品质的学校。近几年，学校成绩显著提升，在向高校输送拔尖创新人才方面取得喜人的成绩。在现代学校管理体制建设过程中，学校创新管理方式，构建现代学校制度，以期实现学校从管理向治理的转变。这对建立适应当下经济社会发展和满足教育自身发展需求的现代学校制度具有重要意义。学校坚持从管理向治理的现代化管理主张，积极探索从人治走向法治、从封闭走向开放、从控制走向协调、从单一走向系统、从约束走向自主的创新型管理路径。

学校"管理为经，学术为纬"的学术治校理念，充分体现在学校近几年的师资结构转型发展过程中。学校现有50个教学班（含国际部2个班），学生2 010人，教职员工236人，专任教师216人。其中教授级高级教师3人，特级教师2人，中学高级教师65人，中学一级教师70人，苏州市名校长、名教师7人，苏州市青年拔尖人才3人，苏州市学科（学术）带头人25人，太仓市学科带头人58人，太仓市教学能手25人，太仓市教坛新秀32人。专任教师中有硕士研究生（含在读）119人。

学校学术型教师比例逐年攀升。学校以"四有好教师"团队为代表，发展出一批拔尖领军名师。物理名师肖建华，为江苏省特级教师，正高级教师，人教社新课程标准教材培训团专家，南京师范大学外聘导师，姑苏教育领军人才，苏州市名教师，苏州市优秀教育工作者，"名师工作室"主持人。班主任杰出代表刘焕奇，为江苏省教学名师，人教社新课程标准教材培训团专家，省物理奥林匹克竞赛高级教练员。他以30年的班主任工作经历，优化出"公正民主、以心换心、严于律己、身正为范"的教育理念，形成一套"自主学习、自我管理"的班主任工作机制，所带的2013届毕业班985高校录取率达50%，2018届毕业班985高校录取率达40.43%。杰出青年教师代表任虎虎，在教学中不断地学习、实践、反思和凝练经验，形成"以实验为基础、以思维为中心、优化学习路径、促进深度学习"的教学主张，获得太仓市学科带头人、苏州市"双十佳"荣誉称号，并获江苏省实验说课二等奖、江苏省基础教育成果二等奖、全国创新课例评比（高中组）二等奖；主持江苏省教育科学"十三五"规划重点课题"指向深度学习的高中物理'思维型'课堂构建的研究"，已顺利结题；在省级以上期刊发表论文60多篇，其中在核心期刊上发表20多篇，出版专著《指向深度学习的高中物理教学研究》。

四、坚持研究，特色鲜明

以教师的研究引领学生的探究，以"极客"的精神引领"创客"的课程。学校以鲜明的研究文化引领教育教学科研发展，秉承"让教学成为一种研究"的教师专业发展的范式，驱动学校品质提升，实现文化引领。学校通过制度推动、学习型组织建构、课堂学习方式变革、教师发展平台搭建等多种渠道，将理念落实沉淀为学校独特的研究性学习文化。同时，学校提出继续深入开展研究性教学课堂教学改革，与中国科学院上海技术物理研究所合作，把省太高建设成科技创新教育特色学校和学术型高中，加强学校内涵与品质建设。2018年，学校研究性教学氛围已经逐渐显现，教师发表论文114篇。2016年全校发表论文数量不足50篇，而2019年仅秋季学期就已经超过百篇，良好的学术氛围充分体现了学校教学研究的发展。学校重视教师的科研能力，采取以教学片段研究为主要途径的实践型教科研推进策略，倡导广大教师从课堂教学实践中发现教学问题、研究教学课题、提炼教学主张。近年来学校从教学实践出发，形成了具有本校特色的研究课题。在研究中的省级重点立项课题共有6项，还有一批市级研究课题。广大教师的科研意识和科研能力得到了较大的提升，有2项科研成果获江苏省基础教育成果一等奖，出版人教版普通高中教师指导用书1部、教学研究专著1部。还有一大批教师参加省、市级公开教学活动，开设展示课、示范课、专题讲座数百次，在省、市公开教学竞赛中获奖300多人次，这不仅展示了学校教师的教学研究能力和成果，而且大大提升了学校在周边地区的影响力和示范辐射作用。

在研究性教学的理论基础上，学校进一步提出"极客学习"新理念：从人才培养的新视角，促进培养创新性拔尖人才；以课程变革的新取向，聚焦学习方式变革；以教育发展的新理念，探索实践"极客学习"。"极客学习"指在学校开发、开设的特色系统课程体系下，学生的学习兴趣与热情被极大调动，学生主动参与课程与实践，其创新、技术、实践等素养逐渐提高，逐渐习得"极客"型技术、创新与科研型人才的学习理念和方式。学校重在建设适合"极客"的自由性学习环境，创设"极客"型技术、创新与科研人才培养的课程体系，引导学生形成"极客"型学习方式，尝试耦合科技与现代教育的理念，探索个性创新的学习方式，构建前瞻科技的育人实践样本。

五、设备"智慧"，面向未来

学校认真学习贯彻落实教育部《教育信息化十年发展规划（2011—2020年）》等文件精神，依托"互联网+教育"新优势，积极探索基于信息技术的学校教育教学管理"智慧"模式。校园网千兆接入、百兆进班，有线网络班班通、室室通，学校校园无线网络全覆盖，包括教室、体育馆、办公楼、信息中心、实验室等场所，可以实现对各类校内和校外网络资源的随时访问。学校建有未来教室1间，配有双板、投影设备、录播一体机、希沃授课系统和平板电脑50台；建有简易录播教室3间，配有触屏白板、投影设备、希沃授课系统和录播一体机；每个教室配有白板、投影机、展台和终控等交互式多媒体教学设备；在教室门口还配有电子班牌，为师生提供信息化服务的公用终端。

学校自建各类校内数字资源库，如基于腾讯智慧校园的精品课程、基于共享FTP的教学资源和教学课件（教案）；学校购买各类数字资源充实校内数字资源库，如中学学科网、"知氏"教育资源网等；学校通过太仓市教育信息中心创建的太仓市智慧教育云服务平台的相关链接，下载各类数字资源充实校内数字资源库，如"一师一优课、一课一名师"国家平台资源、国家基础教育资源网等。学校通过太仓市教育信息中心创建太仓市智慧教育云服务平台，全校教师和学生百分之百地开通实名制网络学习空间。教师通过该平台推送个人教学视频、特色教学素材、学生优秀作品等资源，实现校内共享和区域共享，从而为师生提供个性化、精准化的教学和学习资源。面向未来，学校始终坚信信息化的力量，并将继续以智慧校园的深入发展应用为核心助推学校发展。

六、品质课程，彰显内涵

在新课程管理中，学校继承传统，始终遵循"学科课程开设规范化、校本课程开发特色化、综合课程开展校本化、国际课程开设本土化"的课程管理总体思路，努力构建体现时代特点、反映地方特色、提升学生素质、发展学生特长的普通高中课程体系。在严格实施国家课程的基础上，学校全面地规划课程改革和发展，将国家课程、地方课程与校本课程有机结合，形成具有省太高特色的、较为完整的、"志远业精，德才兼备"的课程体系。

省太高课程体系依托"志远业精"的校训，弘扬省太高精神，打造优质且富有特色的课程体系，取得明显成效。德育课程充分传承唐文治先生提倡的"第一等品格"教育，学校"志远"德育课程体系以"传承志远""生涯知远""实践行远""品格致远"为课程路径，在德育课程体系的顶层设计上强调"知行合一，知为先导"。"传承志远"德育课程是在精神传承层面帮助师生了解和认识校风校训、校史校志、地方人杰，以此凝聚共同价值观和学校文化认同感；"生涯知远"德育课程则侧重从高中生生涯发展规划的角度，有梯度、分阶段地推进生涯体验、生涯探索、生涯指导、生涯规划等特色校本课程，以期唤起学生的生涯觉醒和生涯追求；"实践行远"德育课程聚焦综合实践活动课程开发，将志愿服务、社会实践、德育补课、素质拓展和家庭经营等项目分类开展，积极探索知行合一的德育模式，力求在实践中砥砺品行；"品格致远"德育课程立足品格类型的培养和发展，努力培养人格完整、追求不俗的新时代高中生，积极开展爱国主义教育、理想情怀教育、劳动技能教育、社会公德教育、纪律规则教育、心理健康教育、人道主义教育和社会主义民主法制教育。在探索"志远"育德课程体系建设路径的过程中，学校不断调整教育的方式方法，尤其是依托综合素质评价的评价机制突出转变育人观念，转变评价机制的单一评价为多元评价，转变人才培养的人才成绩观为人才德才观，转变管理观的他律要求为自律要求。

学校积极响应高品质示范高中建设要求，以课程基地项目化建设引领学校统筹教育教学发展方向。2016年，省太高学生生涯发展指导课程基地获评苏州市课程基地。2017年，"未来科学家教育课程基地"获评苏州市课程基地。2018年，"未来科学家素养课程基地"获评江苏省课程基地，并评定为示范等级。机器人社团凭借在FRC（FIRST Robotics Competition）等机器人大赛中的优异成绩被评为"苏州市十佳高中生社团"。2018年，"语文多元实践课程基地"申报苏州市课程基地，并在

2019年经检查验收通过。未来学校还将建设"审美与艺术课程基地"和"运动与健康课程基地",以形成德育、智育、体育、美育、劳育全系统的"五育"并举课程体系项目群。

七、学生发展,自主自能

学校努力构建科学、民主的学生管理模式,实行"四自"管理,即自主管理班级、自主管理学习、自主管理社团和自主管理宿舍,充分给予学生自主学习和课外活动的时间、空间,满足了学生"自主学习和个性发展""自我管理和主动发展"的需求。学校立足于唤醒学生自主发展的意识,聚焦课堂教学,创设民主、积极的课堂氛围,大力推行江苏省太仓高级中学学生互帮互助学习方式,提高学生学习、交往、表达的频率与效率,使学生间优势互补、互助,培养探究意识和合作精神,推动学生共同发展。

为不断探索新课程形势下的学生管理,学校以"学生生涯发展规划"为德育创新的突破口,促进学生文化知识与技能的提升,并积极主动规划未来。学校广泛开展第二课堂与综合实践课程,现建有近60个社团,为全面加强学生社团、兴趣小组的建设,鼓励学生在科技、劳技等方面的创造,定期组织文化节、艺术节、科技节,为学生的个性张扬和全面发展创造条件。三年来,学生学业水平测试合格率达99%,近两年的高考本一达线率超70%,本科达线率约99%,每年均有约10%的毕业生被985高校录取。在近五年的各类比赛中,学生获国家级奖项百人次、省级奖项千人次。同时,一大批具有特长的学生脱颖而出,在各级各类科技创新大赛和竞赛活动中取得了显著成绩。如蔡瑜盛获全国创新作文大赛特等奖,学校桥牌队多年获江苏省团体一等奖、二等奖,学校声乐社被评为苏州市明星社团。

第 2 节　未来科学家素养课程建设的目的与现状

一、落实"立德树人"根本任务，发展核心素养

为进一步深化基础教育课程改革，"未来科学家素养课程基地"旨在转变教学方式，增进实践研究，优化研究性教学，全面提升学生综合素养，转变人才培养的思路和方式，引领学生多元发展、多样高效学习，激发其学习兴趣，挖掘其学习潜能。"未来科学家素养课程基地"以新时期教育改革为契机，以转变课程实施方式为着力点，以创设新型学习环境为主线，以提升学生核心素养为最终目标，让学生在具体活动中研究、探究、实践、领悟，从而有效地挖掘潜能，为其成为未来科学家夯实基础，提供先期体验。

二、打造有利于未来科学家素养培养的学校特色文化

（一）　构建未来科学家素养课程体系

1. 未来科学家素养的内涵

未来科学家素养是指适应未来科学发展的、科学家必备的核心知识、基本方法、科学态度、科学精神和家国情怀。未来科学家素养课程指为培养学生未来科学家的思维方式与科学精神等核心素养而校本化实施的国家科学类课程，以及开发实施的校本科学课程和设计的科技实践活动。

2. 目标任务

（1）加强未来科学家核心素养研究。现今还没有一个公认的、准确的"未来科学家素养"的定义，未来科学家应该具备哪些核心素养的研究还要继续深入。未来科学家素养课程并不是要求学生将来必须以科学家为职业方向，而是为了培养学生科学家的思维方式与科学精神，使之汲取人类智慧的精华，从而在飞速发展、不可预见的未来，能够运用内化的科学素养来面对和解决所遇到的问题。

（2）开发未来科学家素养校本课程体系。以学校研究性教学为依

托,开发具有新内容、新形式的特色系列校本课程;形成一个整体的课程规划方案,包括课程纲要、课程目标、课程结构、课程内容、课程实施与评价等内容,计划编写未来科学家素养课程系列校本教材。

(3) 建设科学课程资源支持系统。建设与完善已有的课程实施平台,如实验室、网络课程平台,以及校外课程活动基地等。打造具有学校特色的师资团队,以项目化的组织管理方式完善课程支持系统建设。

(4) 打造师生科技实践活动基地。依托未来科学家素养课程基地,以 STEM 课程、创客课程等创新课程为基础,结合普通高中物理、数学、信息技术等相关内容,给具有不同兴趣爱好和发展趋向的学生提供学习课程支撑,构建多样化、多层次的理论与实践平台,也促进学校的教师团队更好地融合发展,不断涌现出各类创新人才。

(二) 实现"立德树人"的最终目的

(1) 以未来科学家素养课程基地建设为抓手,落实学校"立德树人"的根本任务,引导学生树立正确的价值观,以学科课堂和紧随时代发展的主题活动为载体,开发一批具有学校特点的系列创新课程,体现全面贯彻党的教育方针、全面发展素质教育的导向作用,让"立德树人"根本任务和德育体美劳"五育"并举目标真正落地、落实。

(2) 以国家课程中的学科核心素养为基础,深化未来科学家核心素养的培养,改变知识本位和学科本位的现象,实现育人模式的转型,将学生从被动学习中解放出来,促进其完整发展、和谐发展、多方面发展和自由发展。

三、建设一流的省级普通高中课程基地

(一) 营造基地特色环境

1. 实验室建设(图 1-3)

(1) 在现有的斯坦福生化实验室的基础上,继续改造并完善内部基础设施,丰富该实验室开展创新实验的功能。

(2) 升级改造传统物理实验室、电学实验室为电子技术实验室,创建机器人实验室,为电子制作技术课和机器人社团活动的开展提供平台。

(3) 建设 STEM 学习工坊,基于项目式学习,设计贴合学生兴趣的科学学习主题。学生可进行动手实验、科学调查等体验活动,还可以进行创意编程,体验物联网运行环境。

图 1-3　实验室建设

2. 廊道景观建设（图 1-4）

对廊道进行设计改造，营造适合学生进行一些课程文化展示的科学氛围。

图 1-4　廊道景观

（二）构建多级课程体系

未来科学家素养课程体系主要以研究性教学的方式来实施国家课程的校本化，并在此基础上构建具有学校特色的通识普及类、延伸提高类和创新拔尖类三级课程体系，以培养学生的未来科学家素养。图 1-5 是初步构建的未来科学家素养课程结构图谱。

图 1-5　未来科学家素养课程结构图谱

（三）开发丰富的课程资源

1. 国家课程校本化实施——贯彻研究性教学方式

研究性教学是基于学生自主的教学，是基于教师主导的教学，是基于师生合作的教学，是基于师生共同发展的教学，也是基于学科特点的教学。省太高作为研究性学习的传统名校，通过开展研究性学习，引导学生获得亲自参与研究探索的积极体验，培养学生收集、分析和利用信息的能力。学生学会了分享和合作，形成了科学态度和科学精神，具有对社会的责任心和使命感，增加了各科学习中的知识储备，全面提升了综合素质。

省太高通过研究性教学变革教学模式，让课堂成为精神家园；变革教师教学行为，让教学成为研究的过程；变革学生学习方式，让学习成为创造性探索。研究性教学课堂有助于学生在国家科学类课程中发展科学素养。研究性教学课堂活动流程如图 1-6 所示。

图 1-6　研究性教学课堂活动流程图

2. 开展普及类必修课程

普及类课程是面向全体学生的必修课程，学生自进入高中，就开始接受该类课程的学习，主要是 STEM 课程及"专家进校园"系列科普讲座（图 1-7）。高一年级研究性学习和 STEM 课程是分单、双周开展的，每次两节课连上，现已开设的 STEM 课程有电子技术制作课和桥梁制作精品课程。高二年级开设知氏教育在线课程。接下来学校将采取的举措有：① 继续开发典型 STEM 课程及精品 STEM 课程。② 利用地理位置的优势，引进西北工业大学（简称"西工大"）长三角研究院的优秀师资及科研力量，请西工大师生给学生开设普及类的 STEM 课程。③ 将继续开展"专家进校园"等一系列科普活动，培养学生正确的科学价值观念与科学探索精神。④开设南京大学"科学之光"系列课程,充分和南京大学合作,邀请多位两院院士和专家,建设"科学之光"项目,开设系列通识课程。由地球科学与工程学院、电子科学与工程学院、现代工程与应用科学学院、天文与空间科学学院、物理学院等5个学院各开发1门课程,每门课程瞄准未来,围绕最前沿的科学研究,主要由两院院士领衔,学科带头人、高水平教师等组成教学团队。学生能在高水平教师的引领下,感受科学价值,发掘科学兴趣,培养科学精神,提高科学思维和创新能力;了解科学进步对于人类生活、社会发展产生的巨大影响,以及未来科学进步和人类发展将会面临的问题和挑战;帮助学生树立正确的世界观、人生观、价值观,树立远大理想,未来成为能够为国争光、为民族复兴大业做出贡献的国家栋梁之材!

图1-7 "专家进校园"系列科普讲座

3. 开展提高类选修课程

提高类课程主要以学生在社团选修学习为形式,并在其中融入创客课程的理念。除已有的机器人社团、无人机社团、DI社团外,还将开设乐高机器人社团、人工智能社团、激光雕刻社团、3D打印社团、天文观测社团、斯坦福生化创新实验社团、VR虚拟社团等丰富的科学创新社团。学生可根据个人兴趣选修不同的社团项目学习,开展科学探究和创新活动,从而提高综合实践素质。

4. 开展创新类选修课程

创新类课程是更高层次的研究性学习课程,主要是竞赛类及开发制作类的项目学习课程。2018年,学校联合上海技术物理研究所,选拔了3名高一学生和5名高二学生参加青少年科技创新大赛,并且经过与指导老师的交流讨论,学生共自主构思了7个课题,通过小组合作完成了开题报告并顺利开题。学生通过参加科技创新活动或比赛,能够体验真实的科学探究及科研开发过程,并能进行较高层次的科技制作与开发。

省太高接下来的目标是组织带领学生参加五大奥林匹克学科竞赛、全国青少年科技创新大赛、全国电脑制作大赛、全国服务机器人大赛、青少年无人机大赛、DI 青少年创新思维竞赛等赛事。

5. 编写系列校本教材

省太高现已有《未来科学家素养课程基地：STEM 课程（上）》《未来科学家素养课程基地：电子制作》《桥梁结构与模型搭建精品课程》《未来科学家素养课程基地校本教材：GeoGebra 视角下的高中数学》《未来科学家素养课程基地校本教材：电子设计基础》《未来科学家素养课程基地校本教材："化生活百味，学人生真理"化学校本课程》等校本教材（图 1-8）。教师的优秀教学设计，以及省太高课程建设的经验与做法被归纳整理、编著成书，即将出版。

图 1-8　校本教材

（四）依托课程网络平台，促进在线教学互动

"未来科学家素养课程基地"将建设学生自主学习智慧云平台，一方面是改进原有的课程网站，另一方面是依托智慧校园网络构建一个更

加完整的网络化智慧云平台。图 1-9 为学生自主学习智慧云平台系统的模型。

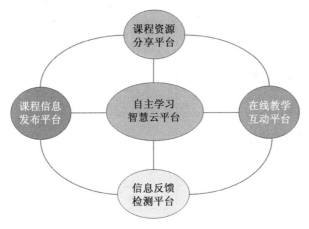

图 1-9　学生自主学习智慧云平台系统的模型

省太高现已建成课程信息发布平台（班牌系统）、在线教学互动平台（VR 在线课程与科技之光课程）、课程资源分享平台及信息反馈检测平台等完善的互动平台系统，实现网络互动学习，拓宽学生科学素养培养的途径，使学生可以更加便捷地获得更多的科学课程培训。图 1-10 为已经上线的班牌系统、VR 在线课程与科技之光课程等在线课程系统。图 1-11 为课程资源分享平台和信息反馈检测平台。

课程信息的发布平台
班牌系统

在线教学互动平台VR
在线课程与科技之光课程

图 1-10　在线课程系统 a

图 1-11　在线课程系统 b

图 1-12 为学生自主学习智慧云平台系统图。学生可以通过网络完成多项自主学习及互动。

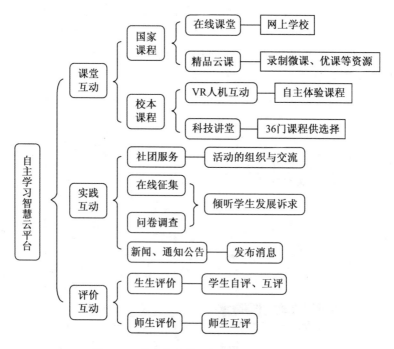

图 1-12　学生自主学习智慧云平台系统图

(五) 依托综合教研小组，建设教师专业成长中心

1. 教师培训与研讨

省太高有一支优秀的创新教育教师队伍——综合实践教研组，核心成员由最初的 20 人发展为 35 人。团队组成结构科学，其中教研科目涉及物理、化学、生物、信息技术、科学、STEM。团队成员不仅中青结合，而且高级教师、一级教师、初级教师结合。在未来科学家素养课程基地建设过程中，学校强力打造"基地名师"工程，积极组织教师深造和参加各级培训，开展大范围、高密度的校际交流和校本教研活动，定时定点组织教师团队开展课程研讨，建设一支优秀的教师队伍。

2. 师生获奖

在综合实践组里，韩萍老师已成为太仓市的科技辅导员，她带领学生参加全国青少年机器人大赛，多次获得荣誉证书，她本人也被评为全国 STEM 种子老师。（图 1-13）接下来，学校还会陆续培养与输送优秀的科技辅导老师参加全国的科技创新教育培训，带领学生参加各类科技竞赛，不断创造佳绩。

图 1-13 韩萍老师获奖情况

（六）基地建设初见成效，学生实践成果凸显

1. 校园科技文化艺术节

省太高有一年一度校园科技文化艺术节（图1-14）的活动传统。活动领导小组紧紧围绕科技文化艺术节主题，开展形式多样、主题鲜明、内容丰富、健康向上的系列科普活动，教师精心组织策划，认真实施，学生也积极开心地投入科技节的活动中。每个学科还会有自己的学科月，如物理学科月、化学学科月、生物学科月等，学科教师带着学生一起开展有趣的科学实验活动，学生也会积极参与其中，设计作品在连廊展示。

图1-14 校园科技文化艺术节

未来的校园文化艺术节活动，会在未来科学家素养课程基地内组织。学生可以参加丰富多彩的校园科技活动，如DI限时挑战赛、机器人动力爬坡比赛、桥梁制作比赛、电子技术制作比赛等科技创新类比赛，提高科学素养。

2. 综合素质拓展体验营

寒假期间，学校在未来科学家素养课程基地开设了综合素质拓展体验营，并组织学生参加综合素质拓展体验活动——体验月球车制作（图1-15）。学生在活动中能够积极主动地动手实践，制作了很多优秀的作品，也受到培训老师的一致好评。

图 1-15　体验月球车制作

3. 暑期夏令营

利用暑假，学校组织学生走出校园，到同济大学、上海交通大学及北京各大高校参加夏令营活动。学生不仅饱览了大学校园的美丽风景，也体验了桥梁制作等实践创新活动（图 1-16）。

图 1-16　体验桥梁制作

暑假期间，学校还组织学生到浙江大学参加机器人项目活动，和西北工业大学共同主办了"空中无人机暑期营"（图 1-17）。学生在营地课程学习中拓宽技术视野，提升实践能力，探索未来科技，体会动手与创新的乐趣。

图 1-17　空中无人机暑期营

第 2 章

未来科学家素养课程建设的理论

第 1 节 未来科学家素养的探讨

"素养"是一种根据学理建构的理论概念或理念,是指个人为了发展成为一个健全个体,必须透过教育而学习获得的因应社会之复杂生活情境需求所不可欠缺的知识、能力与态度,特别是指个人经过学校教育课程设计而学习获得的"优质教养"之综合状态。未来科学家素养是面向科学家的素养,不是"共同"的素养,而是针对成长为未来社会需要的科学家的关键的、必备的和重要的素养,而且可以透过课程设计,在未来科学家需要的科学、知识和技能,科学的方法和探究能力,科学态度和精神间取得均衡,并加以精密组织及安排先后顺序,可学习、可教学、可评价的,关键的、必要的素养。

一、未来科学技术的发展趋势

2017 年,美国公布了《2016—2045 年新兴科技趋势报告》。该报告是经过对美国过去五年内政府机构、咨询机构、智囊团、科研机构等发表的 32 份科技趋势相关研究调查报告提炼形成的。它对近 700 项科技趋势进行综合比对分析,最终明确了 20 项最值得关注的科技发展趋势,包括物联网、人工智能、自动化系统、合成生物技术、先进材料、先进能源、先进武器、食物和淡水科技等。它们有的正在极大地改变着人类生存和生活状态,产生着革命性的变化;有的正在解决人类社会面临的、迫切需要解决的问题。而这些科技的形成和发展也反映了未来科学技术发展趋势。

(一)科学技术加速发展,科学知识呈现全面爆炸的现象

世界著名物理学家、诺贝尔奖获得者杨振宁先生在一次演讲中指出,今天科技发展的高速度使得我们无法预测 21 世纪末世界将发展成什么样子,就像 20 世纪初没人能梦想到 20 世纪末的生物工程与网络通信一样。在漫长的人类发展史中,科学技术的发展速度发生了很大的变化,从制陶到冶金,人类走了上千年;从蒸汽时代到电气时代,人类走了上百年;而到 20 世纪后半叶,几乎每隔十年,科学技术的发展都会

产生革命性的变化。第一个十年，以原子能的释放与利用为标志，人类开始了利用核能的时代；第二个十年，以人造地球卫星的发射成功为标志，人类开始摆脱地球引力向外层空间进军；第三个十年，以1973年重组DNA实验的成功为标志，人类进入了可以控制遗传和生命过程的新阶段；第四个十年，以微型处理机大量生产和广泛使用为标志，揭开了扩大人脑能力的新篇章；第五个十年，以软件开发和大规模产业化为标志，人类进入了信息革命的新纪元。这些科技的发展不仅对社会产生深远影响，而且使科学的门类变多，科学知识以指数级的速度在增长。

（二）科技与经济、社会、教育、文化的关系日益紧密，极大地影响社会发展

现代的技术发明越来越依靠科学，科学发展与技术进步的关系更是密不可分。科学与技术的相互促进，引领科技创新不断涌现，技术更新和成果转化的周期日益缩短。科学技术不仅成为推动全球产业结构升级和调整的根本动力，也成为促进社会发展的先导力量，是国际竞争的核心要素。

航天技术是一项研究如何进入太空和利用太空的综合技术，是现代科学技术高度发展的体现。1957年10月，苏联把第一颗人造地球卫星送上太空，开创了人类向空间进军的新时期。1969年7月，美国飞船"阿波罗11号"首次把人安全送上月球，宇航员尼尔·阿姆斯特朗和巴兹·奥尔德林在月球上首次留下了人类的脚印。1997年7月，美国发射的"火星探路者"宇宙飞船在火星表面成功着陆，并向地球发回了大量照片和数据，为在21世纪实施的载人火星探测计划奠定了基础。20世纪末，由美国牵头，汇聚16国科技力量，联合建造的国际空间站也已初具规模。目前，航天技术已广泛应用于军事、经济、科学研究的许多方面，对科学技术、国民经济和社会发展将产生巨大影响。

信息技术的影响同样深远。二次世界大战期间，由于军事上的需要，美国人在机械的电磁计算工具技术的基础上，于1946年制造了第一台电子计算机。1952年，匈牙利裔美国人冯·诺伊曼为美国国际商业机器公司（IBM）研制出离散变量自动电子计算机，此后电子计算机逐步投入市场，进入了生产、交通、医疗、科研、家庭等各个领域，对人类的生产和生活产生了重大影响。如今无时不在、无处不在的信息网络环境，更是对人们的各种工作和生活需求做出全方位、及时、智能的响应,推动人类的生产方式、商业模式、生活方式、学习和思维方式等都发生深刻变革。

(三) 科技产生的巨大经济及战略利益,导致国际竞争日趋激烈

随着科技的进步,科技对国家安全、社会经济都产生了极大的影响,国际竞争日趋激烈。

出于对物质资源的利用和对国家安全的保护,科研的制高点不断突破,深空、深海、深地、深蓝是各国科技研究的重点领域。空间进入、利用和控制技术是空间科技竞争的焦点,天基与地基相结合的观测系统、大尺度星座观测体系等立体和全局性观测网络将有效提升对地观测、全球定位与导航、深空探测、综合信息利用能力。海洋新技术突破正催生新型蓝色经济的兴起与发展,多功能水下缆控机器人、高精度水下自航器、深海海底观测系统、深海空间站等海洋新技术的研发应用,将为深海海洋监测、资源综合开发利用、海洋安全保障提供核心支撑。地质勘探技术和装备研制技术不断升级,将使地球更加透明,人类对地球内部结构和资源的认识日益深化,为利用新的资源、能源提供条件。

经济全球化对资源配置也将产生重大影响。一方面,人才、资本、技术、产品、信息等创新要素在全球范围内流动,速度、范围和规模都将达到空前水平,技术转移和产业重组不断加快。另一方面,科技发达国家强化知识产权战略,主导全球标准制定,构筑技术和创新壁垒,力图在全球创新网络中保持主导地位,新技术应用不均衡状态进一步加剧,发达国家与发展中国家的技术鸿沟不断扩大。发达国家利用自身优势,通过放宽技术移民政策、开放国民教育、设立合作研究项目、提供丰厚薪酬待遇等方式,持续增强对全球优秀科技人才的吸引力。新兴国家也纷纷推出各类创新政策和人才计划,积极参与科技资源和优秀人才的全球化竞争。

(四) 围绕重大问题,合作应对危机是世界各国的共同选择

全球气候变化、能源资源短缺、粮食和食品安全、网络信息安全、大气海洋等生态环境污染、重大自然灾害、传染性疾病和贫困等是世界面临的一系列重要问题,事关人类安危。这些共同挑战的复杂性和风险性,科学研究的艰巨性和成本之高昂,使科研机构的相互依存与协同日趋加深,这也促进了合作研究和资源共享,推动了高水平科技合作广泛深入开展,在国家和地区层面达成全球共同行动。

面对全球气候变化，从《京都议定书》到《巴黎协定》，世界各国共同商议对策。国际空间站项目是由 16 个国家共同建造、运行和使用，是有史以来规模最大、耗时最长且涉及国家最多的空间国际合作项目，研究涵盖物理科学、生物学与生物技术、技术开发与验证、人体研究、地球与空间科学及教育活动与推广六大研究领域。

近年来，中国与国际的合作也越来越紧密。1992 年，由中国科学技术部、中国科学院、中国工程院、中国科学技术协会、国家自然科学基金委员会联合发起成立的中国国际科学技术合作协会，就以提高国家科技自主创新和增强参与国际合作与竞争的能力为中心，贯彻实施"官民并举"和"引进来"与"走出去"相结合的方针。总部设在北京怀柔科学城的"一带一路"国际科学组织联盟，有来自全球 52 家科研机构和国际组织，搭建了健康走廊、粮食安全走廊等平台。上海世界顶尖科学家发展基金会是世界顶尖科学家论坛的重要成果之一。目前基金会设立的项目聚焦 4 个方向：科学交流类项目、青年发展类项目、科研转化类项目、科学教育类项目。该基金会为实现世界顶尖科学家论坛这一重大平台功能，为中国承接世界科学中心的向东迁移、实现从科技大国到科技强国的战略性转变，为上海打造具有全球影响力的科创中心做出独特贡献。

为解决这些全球性的复杂问题，科学家们自觉或不自觉地形成科学共同体，根据科学技术发展的特点，把人力、资金和设备科学地结合在一起，建立国际性的科学研究机构。这些新型的科研组织结构通过合理的组织和分工，以及科研手段和科技信息的共享，有效地提高了科研工作效率。

（五）基础研究不断深化，学科渗透、交叉和融合不断加强

随着科学对技术的先导作用日益显现，特别是科学理论对发明、原创技术的贡献，世界各国对基础科学的研究越来越重视。前沿基础研究不断深入，并向宏观拓展、微观深入和极端条件方向交叉融合发展，一些基本科学问题正取得重大突破。而随着技术的不断进步，人类对科学问题的研究手段也更丰富、更强有力。从宇宙起源和演化到暗物质与暗能量，从微观物质结构到极端条件下的奇异物理现象，人类对客观物质世界的认识达到了前所未有的新高度。从系统整体的角度和量子的微观层面认识生命活动的规律，到人类脑科学研究将取得突破，人类有望描绘出人脑活动图谱和工作机理，有可能揭开意识起源之谜。这些都极大推动了人工智能、复杂网络理论与技术发展。前沿基础研究的重大突破可能改变和丰富人类对客观世界与主观世界的基本认知。不同领域的交叉融合发展有望催生新的重大科学思想和科学理论。

学科交叉融合是科学技术发展的必然趋势和主流方向。重大科研创新项目需要多学科、多专业的整合才能解决。颠覆性技术的产生源于科学和技术学科的不断交叉、融合，这也使得科学研究的组织方式产生重大变革，特别是一些综合性的科技领域、工程技术项目或长期的跨学科的研究任务，需要集中有关的专业人员，建立实验中心、测试中心、计算中心、数据中心、信息中心等，开展专项技术服务；还要成立综合性的研究中心、技术开发中心，促进各学科之间的交流、渗透、移植，形成新的观点、方法与技术，进而开拓新的科学技术领域。

（六）科技发展更加以人为本，科技的伦理道德日益受到重视

然而科学技术的发展给人类带来的并不都是阳光。20世纪中叶以来科学与技术高速发展，为我们提供一幅令人兴奋画面的同时，也出现了一种可怕的图景。"技术已经产生了严重的有害结果。它已经危害着，并且仍在破坏着人与他的环境之间、自然与社会结构之间、人的生理组织与他的个性之间的平衡状态。无可挽回的分裂状况正在威胁着人类。"[1] 科学历史主义的创始人图尔敏对这种现象进行了尖锐的批评："科学或技术……被描绘成一种抽象的、逻辑的、机械的、没有感情色彩的归纳活动；放弃了仅仅依据技术效益而设计的集体主义政策与实践；忽视了它们对于各种各样有血有肉的人的长远影响。由于缺乏个人洞察力、情感、想象力或缺乏一种其特定活动对其他人影响的这种感受，科学家对于他的同胞，采取漠不关心的态度，而把对他们的关心仅仅当作是社会实验与技术实验的额外课题。"[2] 在这样的背景下，科技伦理越来越受到人们的重视，绿色、健康、智能成为引领科技创新的重要方向。

重视生态环境保护与修复，致力于研发低能耗、高效能的绿色技术

---

[1] 联合国教科文组织国际教育发展委员会．学会生存：教育世界的今天和明天 [M]．华东师范大学比较教育研究所，译．北京：职工教育出版社，1989：145．

[2] 斯图亚特·里查德．科学哲学与科学社会学 [M]．姚尔强，等译．北京：中国人民大学出版社，1989：204-205．

与产品是科技研发的理念。以分子模块设计育种、加速光合作用、创造农业生物新品种，提高农产品产量和品质，保障粮食和食品安全是科技研发的重点。智能化成为继机械化、电气化、自动化之后的新"工业革命"，工业生产向更绿色、更轻便、更高效的方向发展。服务机器人、自动驾驶汽车、快递无人机、智能穿戴设备等的普及，将持续提升人类生活质量，加深对人的解放程度。科技创新在满足人类不断增长的个性化和多样化需求、增进人类福祉方面，将展现出超乎想象的神奇魅力。

二、未来科学家的素养结构

科学家在探索和创造的过程中，第一个层次要解决的是"愿不愿"的问题，这主要是由他们的个性特征决定的；第二个层次要解决的是"能不能"的问题，影响因素有知识、观念、思维、方法、精神和社会责任感；第三个层次要解决的是"做不做"的问题。这三个要素协同作用，互相促进，决定了科学家创新水平。这三个要素构成的内容，就是未来科学家需要的素养（图 2-1）。

图 2-1　未来科学家的素养结构

（一）科学的个性特征

人的个性特征是未来科学家素养的基础。费斯特在研究人格对艺术和科学创造力的影响时，发现人格具有一定的稳定性，通常一个人在相关领域所能取得的创造性成就可以被预测。

林崇德的"创新人才与教育创新研究"课题组概括了创新人格五个方面的特点及其表现：① 健康的情感，包括情感的程度、性质及其理智感；② 坚强的意志，即意志的目的性、坚持性（毅力）、果断性和自制力；③ 积极的个性意识倾向，特别是兴趣、动机和理想；④ 刚毅的性格，特别是性格的态度特征（如勤奋）及动力特征；⑤ 良好的习惯。其中，申继亮的分课题组编制了青少年创造性人格的问卷，提出了青少年创造性人格的结构模型，包括九个维度：自信心、好奇心、内部动机、怀疑性、开放性、自我接纳、独立性、冒险性、坚持性。

在对创新人格基本内涵的界定上，我们将科学家创新人格界定为与创造性相关的非智力因素，指个体具有好奇心、自信心、开放性、独立性、冒险性等特质，它们对科学家进行创新活动具有重要的驱动、调控和发展作用。

（1）好奇心，即对事物有很强的好奇心，对新事物有旺盛的求知欲，对事物变化过程和变化机理有浓厚的认识兴趣。

（2）自信心，即对自身的认识和创造活动充满信心，不甘示弱，好胜，进取心强。

（3）开放性，即具有开放心态，愿意接纳新生事物，不断拓宽视野；能与其他人很好地合作、沟通、交流，有团队合作精神。

（4）独立性，即在活动中受内在动机的驱动，有较强的独立性，在科学探究活动中能坚持个人的观点、态度或兴趣，保证个性是内在的动力。

（5）冒险性，即面对崎岖的科学道路，敢于冒险，能容忍不确定性；勇于挑战，坚持不懈，面对批评、挫折有韧性，是从事科学探究必备的品格。

（二）科学的知识与观念

科学知识是指对自然和物质世界的基本认识，包括事实性知识、理论性知识和技能性知识。科学观念是一种组织起来的科学知识，它们能够解释更多的自然现象，甚至包括跨领域的自然现象。科学观念包括科学的学科核心观念和跨学科概念。科学知识是科学教育的载体，在知识的基础上可形成科学观念，科学观念的形成有助于科学知识的迁移和整合。

当然科学的知识和观念并不限于自然科学学科的知识和观念，事实上，许多知识和观念都有相互依赖、相互牵连的内在特点。科学家的知识和观念往往有以下特点：

（1）整体性：任何知识都不是孤立和分散的，一门学科、一个知识总是和它相邻的学科和知识有着或多或少、或深或浅的联系，从而构成了知识间相互影响、相互促进的互动态势。比如物理学和数学之间，化学和生物学之间，气象学和生物学之间，科学和人文之间，等等。科学家往往会根据自己所属的专业，建立合理的知识结构，一般包括基础知识、专业知识、相关专业的知识。

（2）渗透性：许多知识具有相互交叉、相互派生的特征。相近相关的知识不仅可以互相促进，而且在一定情况下也可以相互转化和派生。科学家往往不会将知识按专业截然分开，尤其是随着新的科学方法和思维观念的出现，知识之间的相互渗透、相互迁移日益增多。灵活迁移知识，关注交叉学科、边缘学科是现代科学家的一个特点。

（3）动态性：科学家的知识和观念，不是一个一劳永逸的结构。所谓的"活到老，学到老"，正是很多科学家对现有知识和流行观念不满足的体现。特别是在如今这个信息时代，知识的更新更加频繁，一个人昨天建立的知识结构，如果今天不充实更新，它的价值就会降低。不断在旧有的知识结构上叠加新的内容，是科学家把握创新机会的方法。

（三）科学的思维与方法

科学思维是指人脑借助语言或符号对科学事物（包括科学对象、科学现象、科学过程、科学事实等）做出概括和间接反应的过程。归纳分析、符号运算、形式推理、模型建构等是最基本的理性思维，猜测想象、质疑批判是重要的非理性思维。而科学方法是指科学和工程实践过程中的行为和采用的手段，包括设计和实施调查研究，观察实验获得和收集证据，分析和运算获得数据，建构解释和设计解决方案，基于证据的论证，获取、评估和交流信息，等等。科学思维决定科学方法的选择和应用，科学方法的学习可训练科学思维。

当然，对于科学家而言，他们的思维和方法更要具有创造性。他们要能重新安排、组合已有的科学知识，创造出新的知识和形象；他们要突破已有的科学知识，提出崭新的见解、设想、思路、观点等。科学家的思维和方法要有以下特点：

（1）聚合性，即能根据一定的目的，将多种思路和各种信息梳理聚焦，进行系统分析与推理，以求得有效的解决方案。

（2）发散性，即思维能够沿着不同的方向进行思考，从多个角度寻求解决问题的途径。

（3）迁移性，即将关系遥远的对象进行联想、连接或重新整合，引入其他领域的新思路与方法，解决当前面对的问题。

（四）科学精神和社会责任感

科学家应理解科学本质，特别是求真的态度和创新的意识；理解科学、技术、社会、环境四者之间的关系；理解人类活动对自然环境、生活条件和社会变迁的影响；学会科学的生活方式；具有保护自然、推动人与自然和谐发展的社会责任感。科学精神和社会责任感是现代社会理性公民的基本素养，是追求和实现创新的动力。

科学家应能识别个人、国家和人类社会所赖以生存的基础科学问题，了解科学、技术和工程等在当今社会所面临的重大挑战，能提出有科学技术根据的见解，能对健康、安全、环境等做出评价，能依据科学知识和技术手段做出理性的决策，并参与到公共事务和文化事务中。

爱因斯坦曾对金属镭的发现者居里夫人有过这样的评价："她的坚强，她的意志的纯洁，她的律己之严，她的客观，她的公正不阿的判断——所有这一切都难得地集中在一个人的身上。她在任何时候都意识到自己是社会的公仆，她的极端的谦虚，永远不给自满留下任何余地。由于社会的严酷和不平等，她的心情总是抑郁的。这就使得她具有那样严肃的外貌，很容易使那些不接近她的人发生误解——这是一种无法用任何艺术气质来解脱的少见的严肃性。一旦她认识到某一条道路是正确的，她就毫不妥协地并且极端顽强地坚持走下去。"[1] 可见，科学家的科学精神和社会责任是科学家获得巨大成就的基础。

（五）创新实践能力

创新实践指的是科学家真实有发现或产生新颖、有价值的成果的过程。这个过程包括：分析并明确需要解决问题的确切属性；围绕目标或问题，能搜集不同来源的信息或资源，提高必备的技能以准备解决问题；提出解决问题的想法；测试或验证选定的解决方案；以及与他人讨

---

[1] 爱因斯坦. 爱因斯坦理论科学与教育 [M]. 许良英，等译. 北京：商务印书馆，2016：82.

论这个解决方案，并最终解决问题。与创新实践相关的能力有如下几项：

（1）发现问题的能力：能识别哪些是个人、国家和人类社会生存所需要解决的基础问题，了解科学、技术和工程等在当今社会所面临的重大挑战。

（2）明确问题的能力：根据已有的知识经验和收集的信息，明确问题的属性、解决问题的关键及解决问题的条件。

（3）解决问题的能力：灵活运用知识和技能设计方案，或通过引入新的思路和方法，或者对已有解决方案进行重组，以产生创意或解决问题的方法，提出解决问题的清晰思路，进而生成具有创意的解决方案；通过测评和验证，最终解决问题并以作品等形式呈现成果。

创新实践能力是第一层次、第二层次素养在具体问题中的综合体现。在创新实践过程中，不仅需要用科学的知识、技能和社会责任感识别问题，还需要运用科学的思维和方法分析问题、明确问题和解决问题，更需要科学精神和科学的个性特征贯穿整个过程。

第 2 节　未来科学家素养课程的理论基础

近几年，为了响应《国家中长期人才发展规划纲要（2010—2020年）》《全民科学素质行动计划纲要（2006—2010—2020年）》及"英才计划"等政策，各地高校、协会、中小学等分别针对不同学龄的学生提出未来科学家培养计划。江苏省太仓高级中学正在建设中学阶段未来科学家培养基地，以期提高中学生的科学素养。本节介绍未来科学家素养培养体系的理论基础。

一、从核心素养到科学核心素养

（一）核心素养

经济合作与发展组织（Organization for Economic Co-operation and Development，OECD）于 1997 年启动"素养的界定与遴选：理论和概念基础"（Definition and Selection of Competencies：Theoretical and Conceptual Foundations，DeSeCo）研究项目与国际学生评估项目（The Program for International Student Assessment，PISA），旨在研究个人生活与社会生活所必需的技能与素养的概念框架。素养不仅仅包括传统教育中强调的知识与技能，也包括利用与调动社会心理资源满足复杂需求的能力，即技能与态度。2002 年欧盟的一个研究小组受该项目影响，在其研究报告中首次使用"核心素养"（key competencies）一词，并将核心素养定义为"一系列知识、技能和态度的合集"。他们认为核心素养是可以迁移的，且有多种功能，是个人发展、融入社会以及胜任工作必不可少的。[1] 2003 年，DeSeCo 项目组发布最终报告《核心素养促进成功的生活与健全的社会》。2005 年，《核心素养的界定与遴选：行动纲领》发布，纲领中描述了核心素养框架细节及如何将该框架应用于教育成果评估。DeSeCo 项目组对核心素养进行分类，首先，个人需要通过使用工具与环

---

[1] 褚宏启. 核心素养的概念与本质 [J]. 华东师范大学学报（教育科学版），2016，34(1)：1-3.

境实现交互，工具包括物理工具、语言等，人需要在理解工具的基础上使用工具达成自己的目的；其次，在全球化的背景下，与来自不同文化背景的个人或团体接触在所难免，能与不同社群进行交流是适应社会生活必不可少的能力；最后，个人需要具备自我管理的能力并可以自主行动。所以，人需要具备三个方面的素养，即工具交互式使用、社会交往及自主行动。此后欧美一些国家纷纷根据DeSeCo的框架提出适合本国课程与学业评估项目的核心素养。

2014年，教育部首次在《关于全面深化课程改革 落实立德树人根本任务的意见》中提出，将研究出适合于各学段学生发展的核心素养体系，并将核心素养定义为学生应具备的适应终身发展和社会发展需要的必备品格和关键能力。中国学生的核心素养总体框架于2016年提出，分为文化基础、自主发展、社会参与三个方面，包含人文底蕴、科学精神、学会学习、健康生活、实践创新和责任担当六大素养，各素养分别包括三个基本要点，具体细化为人文积淀、人文情怀、理性思维、批判质疑、勇于探究等十八个要点，其核心是培养"全面发展的人"。[1]

（二）科学核心素养

科学核心素养是科学教育领域的核心素养，科学核心素养与科学素养不同。科学素养诞生于美国20世纪50—60年代的课程改革运动，1952年由科南特在《科学中的普通教育》中提出，定位为全体公民的基本素养。科学核心素养是带有科学课程性质的核心素养，是学生在经过物理、化学、生物及科学课程的学习以后逐步形成的有利于个人发展、社会生活及深入研究的必备品格和关键能力。

教育部在各学科的普通高中课程标准中提出集中体现学科育人价值的学科核心素养。学科核心素养既有与核心素养相同的部分，同时又含有学科自身的特征。对于科学相关科目，物理核心素养包括物理观念、科学思维、科学探究、科学态度与责任四个方面；化学核心素养包括宏观辨识与微观探析、变化观念与平衡思想、证据推理与模型认知、科学探究与创新意识、科学态度与社会责任五个方面；生物素养包括生命观念、科学思维、科学研究和社会责任四个方面。[2] 从上述三个科目学

---

[1] 核心素养研究课题组. 中国学生发展核心素养[J]. 中国教育学刊, 2016（10）: 1-3.
[2] 中华人民共和国教育部. 普通高中物理课程标准（2017年版）[S]. 北京：北京师范大学出版社, 2017.

科核心素养可以看出,科学核心素养包括科学观念与应用、科学思维与创新、科学探究与交流、科学态度与责任四个方面。

对于未来科学家的培养,核心素养自然必不可少,科学核心素养是包含了体现基础素养的核心素养及包含科学领域个性的素养,在培养中都应得到重视。

二、从知识掌握到探究体验

在传统的科学教育中科学概念的理解与科学方法的运用几乎是科学教育的全部内容,然而随着技术的变革与社会分工制度的改变,这种以"知识掌握"为核心的科学教育已不再适用。科学核心素养视域下的科学教育不再只是习得科学知识与技能,还包括了对非智力因素的控制。探究是科学教育与科学发展过程中必不可少的一部分,体验是弥补注重单纯的获取知识与技能缺陷的方法,探究体验是培养学生科学核心素养的教学方式。

(一)体验学习与体验式教学

正如库伯所言:"由于对理性、科学及技术的过于崇拜,我们对过程本身的理解首先被理性主义,后来又被行为主义扭曲了。"[1]体验学习理论区别于传统的理性主义,亦与行为主义学习理论不同,它建立于经验主义哲学等思想方法之上。学习不再是通过简单的记忆与反复的训练获得知识与技能的过程,而是在体验中领悟并不断创造的过程。体验学习是一种过程而不是结果,学生只有在学习中经过质疑与实践才能成为发展的主体。从空间上来看,体验学习不再仅限于课堂而是存在于工厂、实验室、会议室等各种场域,是个人与环境不断交互的过程;从时间上来看,体验学习贯穿个人发展的各个阶段。体验学习的过程中教育者要修正学生的原有经验,学习的过程是不断运用辩证方法解决冲突的过程,是体验的转换并创造知识的过程,是一个适应世界的完整过程。

体验学习源于杜威提出的经验学习。最早将体验学习作为一种独立的学习方式进行开发与研究的是哈恩,他用体验学习的方式改善了当时学生普遍缺乏自信、不懂感恩与体谅的状况。二战时期,哈恩受邀研制

---

[1] 库伯.体验学习:让体验成为学习和发展的源泉[M].王灿明,朱水萍,等译.上海:华东师范大学出版社,2008:2.

短期有效的海员训练计划,在真实环境中进行训练的方式有效提高了海员的生存率。战后,体验式训练在全球范围内广泛传播并被应用于各领域的教学与培训中。1984年,大卫·库伯以杜威的实用主义哲学观、库特·勒温的格式塔心理学现象观及皮亚杰的认知发展观为基础,融合哲学、心理学及生理学的最新研究成果出版了第一部体验学习理论专著——《体验学习:让体验成为学习和发展的源泉》。库伯认为,体验学习是一个螺旋式上升的循环过程,每一循环由具体体验、反思观察、抽象概括和主动应用四个阶段组成,每经过一个循环得到的体验都有所不同,也就是说每一次学习都是崭新的学习。在四个阶段的基础上,库伯以学习者在四个阶段中的偏好为分类标准提出体验学习的四种基本方式。第一种是以抽象概括和主动应用为主的辐合式学习;第二种是以具体体验与反思观察为主的发散式学习;第三种是以抽象概括与反思观察为主的同化式学习;第四种是以具体体验和主动应用为主的顺应式学习。这四种学习方式虽各有千秋,但也都有明显的不足之处,将它们结合起来可以取得更大的收获。[1]

我国于1999年启动基础教育课程改革,其宗旨是改变接受式学习的单一教学模式。随后体验式教学在国内也越发受到重视。2001年的课标中提出教师要关注教学的过程性与体验性,引导学生亲历探究过程。2019年国务院在《关于新时代推进普通高中育人方式改革的指导意见》中指出,以"积极探索基于情境、问题导向的互动式、探究式、体验式等课堂教学"为深化课堂教学改革的方向。[2]

(二)科学探究

物理、化学、生物都是以实验为基础的学科。自2011年物理、化学与生物课标将"科学探究"纳入课程内容以来,科学探究在科学教育中的地位愈来愈高。科学探究旨在让学生经历和科研工作者相似的探究过程,在这一过程中习得科学探究的过程与方法,学习科学知识,掌握探究技能,最终形成热爱科学、勇于探索的品格。科学探究由七要素组

---

[1] 库伯. 体验学习:让体验成为学习和发展的源泉[M]. 王灿明,朱水萍,等译. 上海:华东师范大学出版社,2008:1-16,23-33.

[2] 国务院办公厅. 国务院办公厅关于新时代推进普通高中育人方式改革的指导意见[EB/OL]. (2019-06-19)[2020-12-09]. http://www.gov.cn/zhengce/content/2019-06/19/content_5401568.htm.

成：提出问题、猜想与假设、设计实验与制订计划、进行实验与收集证据、分析与论证、评估、表达与交流。这七要素并不是科学探究的必经过程或步骤，每次探究也未必要涉及每一个元素。《普通高中物理课程标准（2017 年版）》的课程目标提出学生应具有探究意识，这体现为能在观察及实验中发现问题并提出合理的假设与猜想；具有设计方案与寻找证据的能力，能分析在探究中发现的现象及处理获得的数据，可以解释探究结果并预测发展趋势；具有沟通与合作的意愿与能力，能准确描述结果并对探究结果进行评价与反思。

从科学探究的内涵及体验式教学的理论可以看出，体验探究是培养学生科学核心素养的良好途径。首先，在体验探究的过程中，学生势必需要应用所学的科学知识；其次，通过体验探究，可以让学生更好地掌握知识，甚至在探究的过程中有新的发现，从而创造知识；再次，学生对探究结果的解释与所形成的科学观念有关；最后，学生的体验探究大多是和同伴合作完成的，在合作与交流中人际交往能力不断提高，同时交流的过程有助于培养学生的科学责任与态度。

三、从多元智能提升到智能强项发展

对于人的智能的认识，自古有两个学派：一派坚持智能是一个整体，另一派认为智能是可以分割的。霍华德·加德纳基于心理学、生理学等多学科理论，经过长达十年的实践研究，于 1983 年在《智能的结构》中提出多元智能理论。由哈佛大学访问教授沈致隆翻译该书并于 2008 年在国内出版发行以来，多元智能理论在国内一直受到教育界的重视与关注。2001 年《基础教育课程改革纲要（试行）》将多元智能理论作为课改的重要理论依据之一。

多元智能理论诞生于对人类潜能的研究项目，是加德纳基于对天才儿童的符号使用能力及大脑损伤病人的认知障碍的研究得出的。加德纳认为，一种人类的智能，必定伴随着一组解决问题的能力的出现且在需要的条件下可创造出有效的产品；对于一种智能而言，它必能调动人的潜能或提出问题，且为掌握新知识打下基础。加德纳指出，智能是被人类文化所认为有价值的，是有利于适应社会生活的。对于一种智能而言，它能对特定的信息进行处理，且具有发展性与可塑性。多元智能理论由语言智能、数理逻辑智能、视觉空间智能、音乐韵律智能、身体运

动智能、人际沟通智能、自我认识智能等八种智能组成。[1]

从古至今，学校教育经历了从注重不求甚解地死记硬背教科书上的内容，到注重阅读理解与技能掌握的转变，其所培养的智能也从注重语言智能和逻辑智能转变为注重人际交往智能、语言智能及逻辑智能。从上述转变可以看出，不同类型的学校教育侧重发展的智能组合不同，当然智能的发展也与社会文化相关，这也是在定义智能时考虑社会适应和文化的原因。[2] 对于每一个学科领域，所需要的智能组合也不同，因此，多元智能理论为学生的个性发展指明了方向。在培养学生的核心素养，使其全面发展的同时，通过测试发现学生的智能强项并着重培养，会让学生得到更好的发展。学校教育多关注语言相关的活动并着重培养信息加工的策略，这一点在科学领域也是必不可少的。对于现代教育而言，为了培养终身学习者的自我认知，智能也变得越来越重要。对科学家而言，数理逻辑智能的培养尤为重要，而人际交往的智能则有助于完成团队研究。在当前这个跨学科研究盛行的时代，其他曾被认为与科学相关性极低的智能也许能开拓全新的科学研究领域。

综上所述，素养是教育的核心目标，是除去所习得的知识以外的部分。各国的核心素养中的"核心"有所差异，但无论是培养"全面发展的人"还是"终身学习者"，其目的都是为了适应当下的社会生活及可持续终身的发展。对于核心素养的培养，以知识掌握为核心的传统教育显然无法达到培养目标。体验探究可以弥补传统教育的不足，在探究中体验、领悟、反思、创造，实现个体的自我发展，锻炼人际交往能力，最终实现全面发展的目标。同样，核心素养的测评不像单纯的知识和技能，可以通过纸笔测试或是操作考试给出评定，它是将学习过程中习得的知识、技能及态度等不断完善与整合得到的，是不断发展的。在发展中也包含着选择，这也是成为全面发展的人的关键。诚然，全面发展包括了全体的发展及全方位的发展，在核心素养的框架下"全面发展"不再只是"德、智、体、美、劳"的发展，不止包含了文化基础，也包含了自主发展和社会参与。那么如何体现出人的自主性呢？根据加德纳的

---

[1] 霍华德·加德纳. 智能的结构 [M]. 沈致隆, 译. 北京：中国人民大学出版社, 2008：77-85，379-409.

[2] 霍华德·加德纳. 智能的结构 [M]. 沈致隆, 译. 北京：中国人民大学出版社, 2008：77-85，379-409.

多元智能理论，智能可以分为8种，人在幼年时期可以被分辨出其智能倾向，针对这些倾向进行教育与针对性的训练，也就是发展其智能强项，可以让学生获得更好的发展机会。

对于未来科学家的培养，科学核心素养的形成是培养的目标，探究体验是培养核心素养的方法，而智能强项为发展指明了方向。科学核心素养是带有科学学科特点的素养，是学生在科学课程的学习中不断形成的，它不仅包括学生经过整个科学学习习得的关键能力，还包含进行更深层次的科学研究与学习所必备的能力、方法及品格。科学包含物理、化学、生物等学科，所以科学核心素养也包含跨学科的素养。科学素养的形成需要在探究体验中逐渐形成。例如，在科学认识方面，对于温度的理解，学生最初的认识来源于生活及自身的体验，知道温度是"物体的冷热程度"，而学生对于"冷"与"热"的概念来源于自身的生活体验；对于温度的精确测量则不能以个人感受作为判断的依据，需要一个测量仪器——温度计，温度计的具体使用方法需要学生通过探究习得；在高中阶段，温度是描述两个达到热平衡的系统具有的共同的热学性质的物理量，是一种更为抽象的表述，是热学的一部分，这时学生对温度的理解已经不再局限于日常生活中的直观经验，而是学会用抽象的符号进行表征与运算，这是科学家在经过数次的探究之后，为得出更为普遍的原理所创造的语言，其所学习的内容也更具有系统性。在这一过程中，语言智能、数理逻辑智能等被调用，学生的智能得到锻炼与提升。

在当今这个全球经济一体化、文化价值多元化、理论流派多样化、教育改革白热化的背景下，未来科学家培养体系的建立既要考虑本土文化传统，也要跟随国际社会热点，其理论基础还有待进一步夯实和发展。

第3节 未来科学家素养课程的系统构想

未来科学家素养的内涵，就是培育学生为适应 21 世纪未来科学发展而必备的科学素养，包括基本的科学知识、关键的科学方法和必备的科学思想态度与精神品质。

未来科学家素养培养是一项系统工程，在基础教育阶段，涉及中学基础教育课程理念的变革、素养培养机制的建立、课程体系设置的改革等。

一、树立发现人才、激发兴趣、挖掘潜能与多元发展的理念

发现对科学研究具有浓厚兴趣的学生，也就是发现科学研究人才，是培养未来科学家的首要任务。无论是赫尔巴特还是杜威学派，都将"主动性"看作兴趣的最大特征或本质属性，并把兴趣当作青少年儿童心理能量的代表。因此，中学教师应该观察学生在科学课程学习与科学探究活动中表现出的敏感性、主动性、积极性、参与度与智能强项，关注他们在科学学习与科学探究活动中所表现出来的特殊偏好、动机、情感与意志等，发现他们对科学探究的原初冲动。

中学生科学探究的原初冲动，源于神奇的自然世界、卓越的科学成果，以及科学家伟大的发明发现。这些强烈激发了学生的好奇心、想象力和求知欲，触发了学生对科学与科学家的膜拜，从而迸发出原初的求知冲动。1996 年诺贝尔物理学奖得主奥谢罗夫，当年去加州理工学院读书，就是因为探索物理世界的冲动和对诺贝尔物理学奖获得者费曼的崇拜。

如何避免中学生这种原初的求知冲动不被应试教育扼杀在摇篮之中，或被其他生命冲动所取代，这是基础教育从业者必须认真思考的问题。

根据柏格森的生命哲学理论，人的生命的绵延和进化，都是人的生命冲动向前推进的。毫无疑问，科学家的成长，都经历过一个由生命冲

动推动的人生选择与个性发展的阶段。

毋庸置疑，科学探究冲动是直接推动未来科学家执着于科学探究活动的内在动力。未来科学家的科学兴趣的独特性，决定了其科学探究冲动的特殊指向。科学探究冲动源于未来科学家对人类某些知识的特殊敏感，源于在科学探究活动中的高峰体验，源于对自己智能强项的洞察，源于对自己应然的生存样态的直觉建构。

未来科学家培养试点学校应该利用相对宽松自由的科学学习与科学探究环境和平台，通过多种多样的科学学习与科学探究活动，强化与呵护中学生原初的科学探究冲动，着重从兴趣偏好方面进一步激发中学生的科学探究冲动。

兴趣是个体积极探究事物的认识倾向或偏好。兴趣在教育教学活动中的意义和价值得到了普遍认同和充分肯定。依据现代兴趣教学说的观点，兴趣应当被看作是教学的一个要素，是十分重要的教学目的和目标，是教学的重要原则，还是评价教学效果和教学计划的重要指标。教学实践中兴趣成为知、情、意、行有机结合的"发动机"和"催化剂"，是学生快乐学习和减轻压力的主要源泉，是个性发展的内驱力，是维持专注力和刻苦努力状态的有效保证，更是科学发现和事业成功的关键。缺乏科学探究兴趣、动机与冲动的学生，不可能成为未来的科学家。

因此，未来科学家素养的培养，应该激发中学生学习科学的强烈兴趣。通过科学知识与科学史学习、科学家访谈、科学家故事、科学发现成果的文化价值与社会价值分析，学生不仅对科学研究活动中的现象、事件、人物和任务产生直接兴趣，还对事物与现象的因果联系和理论逻辑产生兴趣与热情。未来科学家培养试点学校应该在强化直接兴趣的基础上，通过课题探究或项目研究，激发学生"做"科学的兴趣，体验"做"科学的快乐；通过邀请大学教授来做讲座，展示科学知识与理论的逻辑，分析科学前沿观点，激发学生的兴趣，培养他们的质疑精神，将他们的科学探究兴趣发展成为科学乐趣，并进一步发展成为科学志趣。

柏格森认为，人的生命的进化路径是多方向的。对处于基础教育阶段的中学生来说，他们的各种潜能包括学习科学的能力无疑是强大的。马尔库塞认为，人能自由地消遣自己的和自然的机能与潜能，而且只有通过这样的消遣，他才是自由的。

由此可见，未来科学家培养试点学校应该给予学生发展的自由环境和空间，让学生有机会尝试各种感兴趣的科学探究，建立培育未来科学家素养的课程体系，树立多元发展的理念，发展学生的各种能力。在全面发展的基础上，强化中学生个体的智能强项，为学生选择大学的科学类专业或加入"强基计划"奠定基础。

二、建立研究、探究、实践与领悟的素养培养机制

中学生通过"进入对象和事物"来把握生命，使未来科学家素养培养必须依赖研究、探究、实践与领悟途径来实现。

柏格森认为，由于绵延、生命之流（生命冲动）诞生于通过直觉获得的自我意识的创造，因此生命的本质只能通过内在的体验与直觉方可把握和理解。直觉能把我们引到生命的内部，即本能是无偏向的，能自我意识，能思考其对象并无限地扩展其对象。

生命个体的体验性和依靠直觉把握生命本质的特性，决定了未来科学家培养是一个必须让中学生"进入对象和事物"、不断获得生命冲动直觉的过程。

让中学生"进入对象和事物"，实现成就科学家的梦想，不仅要通过教育教学给中学生输入知识、信息，更重要的是让中学生置身于真实的学科教学活动、学科探究活动、交往活动之中，使他们的认识活动、实践活动成为生命的体验过程。

因此，未来科学家培养试点学校可以开展基于科学史真实探究教学的实践，完成中学生生命之流与科学家生命之流的对话和交流。科学发展史原本就是一部人类认识自然世界的历史，科学家对重要科学规律的发现历程，蕴含着极为丰富的科学思维和科学方法，以及科学家面对真理实事求是的科学态度和不畏困难挫折的科学精神。教学中的真实探究即是学生模拟历史上的真实事件，体验重要实验、科学规律的发现过程，乃至失败案例，培养学生抗挫能力和正确的科学观。也可以结合国家课程，设计相关探究实验或延伸类探究实验，让学生进入科学研究的具体事物中，从而完成生命体验。

未来科学家培养试点学校亦可让学生进入高校科学研究实验室，或高校和科研机构在中学建立的高端科学探索实验室，在科研专家的指导下围绕某一主题项目进行真实的科学研究，实质性地接触尖端科技，实

现学生与专家生命的交流。还可组织学生进行各种形式的科学考察活动，如生物类、地质类、气象类、计算机信息类等，使他们不断获得科学研究的生命冲动。

未来科学家培养试点学校还可成立丰富多彩的科学兴趣小组，如机器人、无人机、3D打印、激光雕刻、天文观测等小组开展实践活动；鼓励学生积极参加各类科技竞赛，尤其是国际青少年科学家锦标赛；开展合作探究并形成科学研究实践共同体，完成未来科学家与科学家生命之间的交融。

三、完成国家课程的校本化与未来科学家素养校本课程的融合

未来科学家素养课程是指为培养学生未来科学家素养（即基本的科学知识、关键的科学方法和必备的科学思想态度与精神品质）而开设的课程。基于国内课程设置状况与未来科学家培养要求，国家课程与校本课程应有机整合。

国家课程是指国家委托有关部门或机构制定的基础教育的必修课程或称核心课程的课程标准或大纲，国家课程具有统一规定性。而且，国家课程都集中体现了国家的意志，课程编制中心有政府赋予它们的职责及法律赋予它们的合法性，因此，国家课程具有权威性。国家课程是决定一个国家基础教育质量的主要因素。由课程编制中心负责编制的课程是强制执行的，因此，国家课程又具有强制性。总之，国家课程具有统一规定性、权威性和强制性的特征。

目前，在我国教育制度中，国家课程占主导地位，但它仅可以形成学生最基本的科学核心素养。在此基础上，如果学校想要拥有自己独特的教育指导思想，就必须扩充、延伸或调整国家课程，也就是说，将国家课程校本化，使它符合学校的办学理念和宗旨。换言之，未来科学家培养试点学校应该将国家科学课程数学、物理、化学、生物、地理等校本化，使学生基本具备为适应21世纪未来科学发展而必备的基本科学素养。

同时，为满足未来科学家素养培养的深层要求，尤其是关键的科学方法、必备的科学思想和精神品质的提升，试点学校还需要开发丰富而有特色的校本课程。校本课程亦称"学校本位课程"或"学校自编课程"。简单地说，校本课程就是由学生所在学校的团队编制、实施和评

价的课程，是学校课程体系中的一个重要组成部分，与国家课程、地方课程共同组成了学校的"三级课程"结构。

未来科学家素养校本课程是指未来科学家培养试点学校依据自己的教育理念与目标，在对学生的需求进行系统评估的基础上，充分利用当地高校、科研院所、社区和学校的课程资源，通过自行研讨、设计或与专业研究人员、课程教学专家、其他力量合作等方式，编制出的多样的、可供学生选择的，为其成为"未来科学家"夯实基础、提供先期体验的课程。

由此可见，未来科学家素养的培养，应该实现国家科学课程的校本化与未来科学家素养校本课程的有效融合。

四、构建通识普及类、延伸提高类与创新拔尖类三级课程体系

为培养学生的未来科学家素养，在完成国家科学课程的校本化与未来科学家素养校本课程的有效融合之后，学校应该在"三基于"，即基于跨学科整合的 STEM 教学模式、基于问题的项目式教学模式（Problem-Based Learning，PBL）、基于"互联网+教育"教学模式的支撑下，构建具有学校特色的培养未来科学家素养的三级课程体系：通识普及类、延伸提高类、创新拔尖类。

（一）通识普及类课程

1. 课程性质

对数学、物理、化学、生物、地理等国家科学类课程的校本化补充，可以激发和提高学生科学学习与探究的兴趣，使其习得基本科学知识，培养其基本的科学理性思维方法，发展科学学习和研究的能力，形成积极的科学态度。

2. 课程目标

通过了解科学类学科的发展历史与应用，提高科学学习动机。

通过探究科学类教科书中的扩展性内容（课外活动、课题研究、信息浏览、STSE[1]等栏目），提升科学学习兴趣。

---

[1] STSE 是科学（Science）、技术（Technology）、社会（Society）、环境（Environment）的英文缩写。

通过完成科学类课程标准中"活动建议"的部分活动，发展与科学有关的核心素养。

3. 课程结构

通识普及类课程包括数学、物理、化学、生物、地理，每门课程有多个探究主题，为分科或跨学科主题，每个探究主题包含主题名称、教学目标、教学内容、探究活动、学业要求等。通识普及类课程结构如图2-2所示。

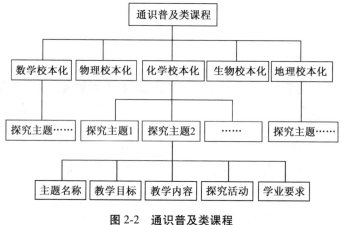

图2-2　通识普及类课程

（二）延伸提高类课程

1. 课程性质

实现未来科学家核心素养培养，体验科学探究过程，了解科学研究的基本范式与基本方法，培养学生的科学精神与科学态度，为高考选择科学类专业做好准备。

2. 课程目标

经历延伸提高类科学探究过程，培养学生未来科学家基本素养，培养学生的科学精神与科学态度。

体验延伸提高类科学探究活动，提升学生科学探究的兴趣，了解科学研究的基本范式与基本方法。

完成科学类课程标准中"自主考核课程"或"选修课程"部分内容的学习，认知与了解科学，发现自己的智能强项（学生可以根据科学学科认知与自我认知，继续或中途退出延伸提高类课程学习），为高考选择专业（包括非科学类专业）做好准备。

3. 课程结构

延伸提高类课程内容既可以有分学科的探究主题，也可以有跨学科的探究主题。延伸提高类课程提倡根据各科学类课程标准中"自主考核课程"或"选修课程"的内容进行整合，构造跨学科的探究主题。每个探究主题包含主题名称、教学目标、教学内容、探究活动、学业要求等。延伸提高类课程结构如图 2-3 所示。

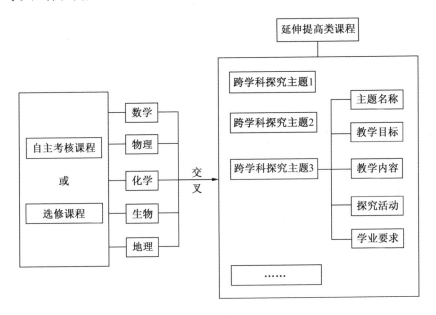

图 2-3　延伸提高类课程

（三）创新拔尖类课程

1. 课程性质

进一步培养未来科学家基本素养，深化科学研究的基本范式与基本方法，瞄准全国青少年学科奥林匹克竞赛，为拔尖学生进入"强基计划"做好准备。

2. 课程目标

开展全国青少年学科奥林匹克竞赛辅导与培训，发展学生解决学科问题的能力，进一步提升未来科学家基本素养。

针对"强基计划"试点学校的综合考核、笔试与面试要求，提升学生运用科学研究范式与方法的能力。

让学生认知科学前沿，了解我国关键领域及人才紧缺领域，进一步认知自己的智能强项,为成为科学家后备人才奠定基础。

3. 课程结构

按照创新拔尖类课程的性质与目标,课程内容既可以有分学科的探究主题,也可以有跨学科的探究主题。创新拔尖类课程提倡瞄准全国青少年学科奥林匹克竞赛和针对"强基计划"试点学校的综合考核、笔试与面试要求,构造分学科或跨学科的探究主题。每个探究主题包含主题名称、教学目标、教学内容、探究活动、学业要求等。创新拔尖类课程结构如图 2-4 所示。

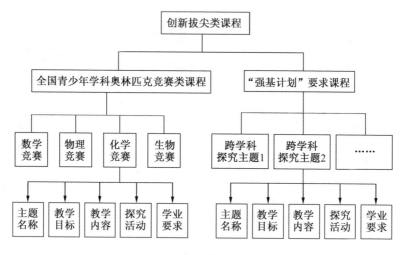

图 2-4　创新拔尖类课程

第3章

未来科学家素养课程建设的实践

第 1 节　未来科学家素养课程的实施策略

一、国家科学类课程的校本化实施策略

（一）补充科学历史与应用，提高科学学习动机

目前，国家科学类课程的教学仍然以科学知识的学习为主线，教材中科学史及科技应用的教学价值一直没有得到应有的重视。未来科学家素养培养，首先应该充分利用、挖掘并补充相关科学素材，如"科学史话""科学家的故事""科学发展历程""科学探究历程""科技进展""科学前沿""科学·技术·社会""与科学有关的职业""科学家访谈"等，让科学史上的伟大发现与成就、自然世界的奥秘、科学家的巧妙设计与科学思维、科学成果带来的技术变革、科学对社会发展的意义与价值等强烈地感染学生，并激起学生强烈的学习科学的欲望。

具体实施策略有很多，可以采取与教科书科学课程的理论内容结合，即课堂讲解融入法，将这一栏目的讲解列为教学设计中不可或缺的环节；可以引导学生观看介绍科学家、科学成就等的优秀影视作品精彩片段；也可以指导学生查阅并综述文献，交流汇报科学史、科学家传记等内容；还可以设立专门的学习主题，营造学生爱科学、学科学、献身科学的浓厚氛围。

（二）注重科学探究教学，提升科学学习兴趣

为了培养学生未来科学家必备的素养，尤其是科学研究的创造性思维方式及科学的研究方法，国家科学类课程的校本化应该在学生充满浓厚科学学习兴趣的基础上，通过探究科学类教科书中的扩展性内容，让学生完成相关课题探究或项目研究，激发他们做研究的兴趣，体验做研究的快乐。

科学类教科书中的扩展性内容是比较丰富的，各学科教材中已有一些栏目，如"课外制作""课外活动""对比实验""资料分析""探究实验""课题研究""信息浏览""STSE"等内容，充分利用和挖掘这些课程资源是设计未来科学家素养课程时应关注的焦点。

具体实施策略有很多,可将扩展性栏目列为教学设计中不可或缺的环节,直接实施;利用课内外时间协调安排必做实验内容;开设普及性探究实验校本课程,并将此列入课表;基于科学史情境开展探究教学;把学生带到科学史的具体事件中去,让其感悟和模拟科学发现的真实过程,将讲授知识变为学生真正的自主探究性学习。

(三) 关注课标"活动建议",发展科学核心素养

国家科学类课程标准中的"活动建议",充分说明和体现了隐含在国家课程内容设置背后的意图,选择内容的必要性、重要性和目的宗旨,并给出了详细的教学活动建议。如果能严格遵循活动建议,就能收到极佳的教学效果,最大限度地培养学生掌握扎实的科学知识,更重要的是培养学生自主探究学习的意识和能力、掌握科学探究的基本过程和方法,可最有效地发展学生与科学有关的核心素养。活动可以穿插在课程内容中或在课外学习中完成。

二、延伸提高类课程的校本化实施策略

(一) 延伸提高类校本课程目标的设置

通过延伸提高类校本课程学习,旨在发展学生未来科学家基本素养,培养学生的科学精神与科学态度;让学生体验延伸提高性科学探究活动,提升科学探究兴趣,了解科学研究的基本范式与基本方法;让学生完成科学类课程标准中"自主考核"或"选修课程"部分内容的学习,认知与了解科学及科学前沿,认知自己的智能强项(学生可以根据科学学科认知与自我认知,继续或中途退出延伸提高类课程学习),为高考后选择专业(包括非科学类专业)做好准备。

(二) 延伸提高类校本课程内容的选择

校本课程内容是教与学的基本素材,是达到校本课程目标的重要载体。在延伸提高类校本课程目标的指导下,并在校本课程团队的支持下,结合高中科学类教材的相关知识,根据学生的科学兴趣和学校的特点,延伸提高类校本课程的内容按照趣味性、探究性、前沿性等原则确立相应课题。

1. 趣味性

科学知识的探究是一项艰辛劳动,加之目前我国"应试教育"带来的学业压力,如果没有科学探究活动的兴趣偏爱和对科学家的崇拜,没

有强烈的科学探究冲动，学生就不可能在艰难的科学探究中坚持下去。有研究者提出，没有趣味性的课程内容是无法教学的。故而，在开发延伸提高类校本课程时，应有意并广泛听取学生的意见，选择他们感兴趣的内容，如电子信息技术类、航天器类、材料类、天文类等，这有助于提高学生的学习积极性和想象力，往往可以收到事半功倍的效果。

2. 探究性

经历和体验延伸提高性科学探究过程与探究活动，提升科学探究兴趣，了解科学研究的基本范式与基本方法，培养学生的科学精神与科学态度，发展学生未来科学家基本素养，这是延伸提高类校本课程的要求。有人认为，当科学知识促进了科学精神和科学方法的获得时，它就变得重要起来。也就是说，能够促进科学探索精神和科学探索方法的科学知识是重要的。因此，延伸提高类校本课程开发时，可以将尽可能多的探究实验、探究项目列入课题之中。

3. 前沿性

当今社会科学知识更新速度之快，可以说是日新月异。在选择延伸提高类校本课程内容时，应该选择有效的科学知识，也就是说要删除陈旧过时或烦冗的科学知识，同时也应注意防止遗漏某些必要的科学知识，着重关注目前科学技术中比较前沿的内容。所以，在开发延伸提高类校本课程时，应把有关机器人、无人机、3D打印、天文类等作为主要的研究课题。

三、创新拔尖类课程的校本化实施策略

培养面向未来的杰出人才，着重培养学生的高尚品格、创新思维、人文素养和领袖气质。

1. 高尚品格

培养学生具有"自由的意志，高尚的品格"，高尚品格的培养要特别重视以下三个方面：一是培养学生高度的社会责任感和不懈追求真理的科学品质；二是培养学生接受失败，敢冒风险的科学精神；三是要培养学生执着、严谨的学风和善于协作的治学品质。

2. 创新思维

创造性思维是创造力的核心组成部分，是科学素养的集中体现，需要从以下五个方面来培养：一是独立思考、自由表达的思维习惯；二是

倡导批判性思维；三是丰富的想像力；四是科学方法和学会学习；五是广阔的知识背景，学科知识的交叉融合往往在某个时候会组合起来形成新想法、新思路。

3. 人文精神

科学与人文是创新型拔尖人才成长的一对翅膀。人文精神是一种普遍的人类自我关怀，表现为对人的尊严、价值、命运的维护、追求和关切；对人类遗留下来的各种精神文化现象的高度珍视；对一种全面发展的理想人格的肯定和塑造。而人文学科是集中表现人文精神的知识教育体系，它关注的是人类价值和精神表现。

4. 领袖气质

团体中充当着核心的角色，言行能够被团体认可，并指引着团体的某一些决策和行动创新的人所具备的人格魅力被称为"领袖气质"。具备领袖气质的人应该具有好奇心，容忍不确定性；具有终身学习的习惯；具有社会责任感，对自己的行为负责；具有参与社会活动的能力，回报社会的意识；具有领导能力、文化意识和国际视野。

第 2 节 未来科学家素养课程的教学模式

有效提高学生的科学素养，需要建构有效的教学模式，本节就对目前颇受关注的三种教学模式——跨学科整合的 STEM 教学模式、基于问题的项目式教学模式及"互联网+教育"的教学模式进行分析。

一、教学模式的内涵

教学模式是在一定教学思想或教学理论指导下建立起来的较为稳定的教学活动结构框架和活动程序。不同的教育理念往往提出不同的教学模式。通常认为，一个完整的教学模式主要包含下列五个组成部分，即理论基础、教学目标、教学程序、辅助条件及教学评价，如图 3-1 所示。

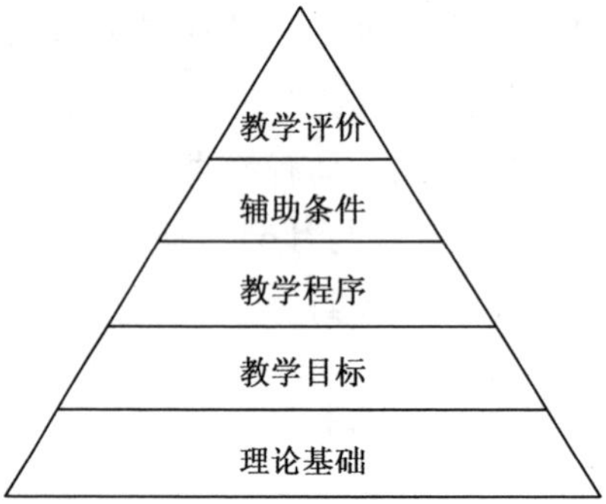

图 3-1 教学模式组成

（一）理论基础

理论是教学模式的根基，它决定并指引着教学模式的走向，同时又体现并赋予教学模式独特性。任何教学模式的建立都离不开一定的教育理论的指导。可以说，教学思想或理论是教学模式形成的基础和存在的条件，其一切活动都是在其基础上进行的。如果构建教学模式时，理论基础模糊不清、模棱两可，那在其指导下的教学模式也必然缺乏一定的可靠性。

（二）教学目标

教学目标是教学活动结束后，对学生能够获得的学习成效做出的预期估计。如果教学结束后，教学目标达成情况良好，说明该模式的设计是有效的，具备一定的可行性。因此，判断与衡量一个教学模式是否有效，关键在于评判其教学目标是否能够顺利达成。教学目标可以视为教学模式的核心，教学目标的制定在一定程度上将影响整个教学模式系统中其他要素的设计与组织。

（三）教学程序

教学程序规定了教学过程中师生活动的逻辑步骤和时间顺序，指明了在教学过程的各个阶段教师和学生应该完成的教学与学习任务。教学程序是一个教学模式中最关键的部分，对于课程内容如何开展具有实际的指导意义。当然，教学程序并非一成不变，而是在一定时空范围内的相对稳定。

（四）辅助条件

教学模式并不是孤立存在的，所有的教学模式都需要借助一定的辅助条件才能发挥最佳效果，其中辅助条件既可以来源于内部，也可以来源于外部。例如，师生关系、教师的素质（教学技能、师德）、教学媒体、教学设施等。教学辅助条件能够为教学活动的顺利实施提供保障，在实际教学模式的构建中，为了确保教学模式实施的可行性，对其教学辅助条件的设计必须明确、清晰。

（五）教学评价

教学评价是指在教学模式下，检验学生教学目标达成情况的评判方法与标准。由于不同教学模式的设计理念、核心要求及操作程序等的不同，因此在不同的教学模式实施过程中，需要根据实际情况采用不同的评价方法。在素质教育理念的指导下，教学评价已不仅是单一的知识检测，而是鼓励采用多元化的评价方式，最大限度地确保评价的客观性与全面性。

总之，一个完整的教学模式需要包含理论基础、教学目标、教学程序、辅助条件及教学评价五大要素。同时，需要注意的是，教学模式的五大构成要素并非简单的堆砌关系，而是要通过相互联系、相互作用，来共同促成一个教学模式的运作及其效能的发挥。在实际教学模式的构建中，需要根据课程的特点及培养目标的要求对上述五个要素进行深入剖析，以确保教学模式设计的科学性与有效性。

二、STEM、PBL、"互联网+教育"三种教学模式的理论基础

（一）建构主义理论

建构主义学习理论最初是由著名心理学家皮亚杰在研究儿童认知发

展的基础上提出的，是在行为主义、认知主义的基础上发展起来的。建构主义学习理论认为，学习不是教师单方面向学生灌输知识，而是学生在一定的社会文化背景下，通过他人的帮助，利用相关学习资源，主动积极地建构自己的知识的过程。学生不是被动的接受者，而是主动的建构者，强调学生的主观能动性。教师在整个过程中充当促进者和主导者的角色。学习者在学习知识的过程中，对外界信息进行主动的选择、加工，并在已有知识的基础上对新信息进行编码，建构自我认知。原有知识因为新知识的加入而不断地调整与改变，所以学习并不是简单的信息相加，而是新旧知识的融合。学习过程并不是简单的信息输入、存储、加工、提取，而是新旧知识之间的碰撞与相互作用。

传统的观点把学习看成是学生个体的单独活动，忽略了学习活动的社会互动性。建构主义学习理论强调，学习是学生融入社会文化并内化相关知识、技能的过程，学习往往要通过学习群体的合作互助来共同完成。学习群体的主要特征有以下几个方面：群体成员知识和技能的多元化；群体有共同的奋斗目标；在学习活动过程中注重个人发展与群体共享的统一；强调群体对学习过程的自我管理。

传统的教学观念认为概括后的知识是学习者学习的核心内容，然而这些知识从具体的社会情境中抽象出来，让学生脱离学习情境进行学习，就很难理解与掌握。因此，建构主义学习理论提出了情境性认知的观点，认为知识是不可能脱离社会情境而抽象地单独存在的，学习应该把理论知识与社会实践结合起来，也就是理论与实践相结合。具体体现在以下三个方面：知识存在于具体的、具有一定情境的可感知的活动中；学习应该与情境化的社会实践联系起来；学习和理解的关键是形成对具体情境中的"所限"和"所给"的调适。

（二）人本主义理论

人本主义学习理论起源于人本主义心理学，主要代表人物是马斯洛和罗杰斯。人本主义学习理论提倡学生自主学习、协作学习，强调自主建构知识。与建构主义不同的是，它更注重人的发展，即强调学生的自我发展，注重对学生的情感教育和创造潜能的发掘。人本主义学习理论的观点可以概括为以下五个方面。

1. 潜能观

人本主义学习理论认为，在学习上每个学生都具有潜力，但并不是人人都能把这种潜能充分发挥出来。教育的本质就是要发掘学生的潜力，使之成为栋梁之材。所以人本主义学习理论研究的重点是发掘每个学生的潜能。总的来说，人本主义学习理论强调以学生为中心，学生是学习的真正主人，同时重视教师在此过程中发挥的引导作用，教师退居其次，在学习上引导监督学生。

2. 自我实现观

人本主义学习理论非常重视学生之间的个体差异和价值观念的不同，强调学生自我发展，认为教学的根本目的是实现学生的自我发展。影响个体差异的因素有很多，比如学生的知识水平、兴趣爱好、学习方法和学习习惯等，所以教师在教学的过程中，应该根据每个学生的特点，进行因材施教，给学生提供各种学习条件，满足学生需求，使得每个学生的能力都能得到充分发挥，让学生认识到自己的价值，促进个体的全面发展。

3. 创造观

在知识与能力方面，人本主义与建构主义观点相似，它们都注重对学生能力的培养，并把创造力作为教学的核心问题。罗杰斯指出，人人有创造力，至少有创造的潜能，人应该主动积极地发展这些潜能，使自己的学习生活充满创新。他还认为，普通人不应该认为只有专家学者这些高层次人才有创造力，创造力不是特权，是潜伏在每个人体内的能量，都能够通过恰当的方式激发出来。

4. 情感因素观

学习中的情感因素受学生个体内部动机的影响。人本主义学习理论特别重视情感因素，认为学习是学生个人主动发起的，不是被动地等待。个人对学习的投入程度，与认知能力、情感、行为、兴趣等有关。学生的学习兴趣是否浓厚、目标是否明确，是影响其学习效果至关重要的情感因素。教师必须尽其所能地为学生创设良好的学习环境，让学生充分融入学习情境中来，并长时期坚持下去。这种情感因素的创造，一要教师积极引导学生，二要教师不断鼓励学生，三要教师创设良好的学习环境。

5. 师生观

人本主义学习理论重视师生之间的关系，师生之间的关系以情感为纽带，形成一种和谐、民主、平等的学习氛围，建立起一种良好的人际关系与和谐的学习氛围。教师应该一视同仁，根据学生的个体差异，相信学生，尊重学生，鼓励学生，帮助学生。在教学过程中要构建民主、平等、和谐的师生关系，使学生在学习中没有过重的负担，让学生的学习变得主动积极和生动活泼。教师由主宰者、权威者变成学生的指导者和朋友，学生由听从者、被动者变成学习真正的主人，这样才能让学生的学习更加轻松高效。

三、跨学科整合的 STEM 教学模式

STEM 是科学（Science）、技术（Technology）、工程（Engineering）和数学（Mathematics）四门学科的简称。STEM 教育最早起源于美国，旨在打破学科边界，通过运用多个领域的知识与技能解决真实问题，锻炼和培养学生的科技素养与创新精神。

（一）教学目标

该模式的教学目标是培养学生的 STEM 素养。STEM 素养是个体在科学、技术、工程和数学领域及相关交叉领域中运用个人关于现实世界运行方式的知识的能力。显而易见，STEM 素养包含科学素养、技术素养、工程素养和数学素养，同时又不是四者的简单组合，它包含运用这四门学科的相关能力，把学习到的零碎知识与机械过程转变成探究真实世界相互联系的不同侧面的综合能力。

（二）教学程序

教学程序是教学活动按照时间顺序展开的程序结构，它规定了教师和学生在每一环节需要完成的活动及任务，是教与学的融合和统一。

我国的 STEM 教学程序一般都是基于 5E 教学模式。5E 教学模式最早是由美国生物学课程研究所提出的一种基于建构主义学习视角的模式，其基本环节有引入（Engagement）、探究（Exploration）、解释（Explanation）、精致化（Elaboration）和评价（Evaluation）。五个环节分别以"E"开头，所以被称为"5E"。具体应用时，对于这五个环节要稍做增减。

（三）辅助条件

教师从传统意义上的建构者、决策者转变为新型的合作者、指引者、帮助者，要充分转变原有观念，让学生成为课堂活动的主角，努力建立一种平等和谐的师生关系。

STEM 教学模式对教学环境也有一定的要求。教学环境主要是指设施环境，即能够对教学起到支持作用的学习工具和资源。学习工具有信息搜索工具，如计算机、平板电脑、图书资料等；认知工具，如概念图工具、可视化程序设计工具、数据分析工具等；实践工具，包括基本的工程工具（如螺丝、绘图纸、麻绳）、建模工具（如 3D 建模软件、数学建模工具）、数字化装备（如 3D 打印机、开源电路板）、实验仪器和耗材等；交流协作工具，如 QQ、微信等。

（四）教学评价

评价方式要多样化，教学评价应采用形成性评价与总结性评价相结合的方式；评价内容要多维化，即从项目所涉及的知识的掌握、能力的锻炼、思维的培养及态度的形成等四个方面进行评价；评价主体要多元化，即教学评价主要是以教师评价和学生评价为主，学生评价又可分为学生自评和学生互评。

（五）教学特点

（1）在 STEM 教育中，不再将重点放在某个特定学科或者过于关注学科界限，而是将重心放在特定问题上，强调利用科学、技术、工程或数学等学科相互关联的知识解决问题，实现跨越学科界限、从多学科知识综合应用的角度提高学生解决实际问题的能力的教育目标。

（2）STEM 教育强调在群体协同中相互帮助、相互启发，进行群体性知识建构。STEM 教育中的问题往往是真实的，真实任务的解决离不开与其他同学、教师或专家的合作。在完成任务的过程中，学生需要与他人交流和讨论。

（3）STEM 教育不仅主张通过自学或教师讲授习得抽象知识，更强调学生动手、动脑，参与学习过程。STEM 提供了学生动手做的学习体验，学生应用所学的数学和科学知识解决现实世界问题，创造、设计、建构、发现、合作并解决问题。学生在参与、体验的过程中，不仅获得结果性知识，还习得蕴含在项目问题解决过程中的过程性知识。这种在参与、体验中习得知识的方式对学生以后的工作和生活的长远发展会产生深刻影响。

（4）STEM 教育要求学习和产出环节包含设计作品，通过设计促进知识的融合与迁移运用，通过作品外化学习的结果、外显习得的知识和能力。设计出创意作品是获得成就感的重要方式，也是维持和激发学习动力、保持好奇心的重要途径。

（5）STEM教育强调让学生获得将知识进行情境化应用的能力，同时能够理解和辨识不同情境的知识表现，即能够根据知识所处背景信息联系上下文辨识问题本质并灵活解决问题。情境性问题的解决，可以让学生体验真实的生活，获得社会性成长。

四、基于问题的项目式教学模式

项目式教学模式即学生在老师的引导下，围绕每一个教学模块中包含的核心知识或问题展开主动学习。这种新型教学模式强调从复杂世界的真实问题出发，以学生为主体，在情境中体验，在过程中完成知识的建构，不仅让学生学以致用，而且可以培养学生的自主学习能力和创新能力。

（一）教学目标

学生能够构建起扎实而深厚的知识基础，并形成有效解决问题的技能和团队合作精神，培养自主学习和终身学习的能力。

（二）教学程序

项目式教学模式的基本流程是：首先从问题出发；其次对问题进行分析；最后是总结、反馈。结合我国国情的基本操作流程至少要包括八个环节：明确学习目标；组织学习小组；分配小组中个人学习任务；抛出新问题；解决问题；展示学习成果和表达困惑；问题解决后的反思、总结和评价；交流学习经验。

（三）辅助条件

教师在整个辅导过程中，其作用不是给学生提供参考答案，也不是回答学生的提问，而是启发学生思考，引导学生提出问题，控制学生讨论的范围和时间，指导学生如何去查找有关问题的答案，记录各学生的表现，以便明确不同学生的弱点所在并给予相应的帮助。最后教师给出每个案例的学习目的，作为学生复习掌握的重点。

（四）教学评价

基于过程性、多样性和发展性三大特点，构建一个相对完整的评估体系可以使项目式教学模式评估过程更加清晰。主要从四个方面进行评估，分别是：教师对学生评估、学生自我评估、学生对教师评估、学生和教师对项目式教学模式评估。

（五）教学特点

（1）项目式教学模式主要集中于发展学生的思维能力，使学生更灵活地运用基础知识来解决问题，要求教学活动有明确的目的指向性。

（2）项目式教学模式是在现代建构主义理论下发展起来的教学观，认为教学的过程实际上是学生对知识体系构建的过程，要求学生成为教学活动的主角。教学活动的所有设计与教学结构安排都是要启发学生思维，促进学生主动获得解决问题的能力。

（3）项目式教学模式体现了现代高校教学理念从行为主义向认知主义理论方向的发展，也体现了现代教学理论的不断进步。

（4）项目式教学模式将教学与问题任务挂钩，使教师能更主动地投入到教学活动中去，有效地激发了学生的主观能动性，有利于学生形成解决问题的能力和学习技能。

（5）项目式教学模式更适合于构建起学习者终身学习的理念和能力，从而使学生更符合现代社会的要求，有利于促进学生的可持续发展，并且使学生掌握必要的学习能力。

（6）在项目式教学模式的指导下，课堂教学活动的效率大幅提高，传统照本宣科的教学无法满足现代教学活动的需要，只有采用以学生需要为中心的课堂教学模式，才能更好地满足学生需要。

五、"互联网+教育"教学模式

（一）教学目标

该模式的教学目标是改善学生的学习方式和实现学生的全面发展，使学生的学习方式变得多样化。学生不再被动地接受知识，而逐渐进行主动学习，成为课堂的主体。学生学习知识的同时也能提高选择信息的能力和使用互联网的素养。

（二）教学程序

"互联网+"背景下的混合式教学的操作程序分为三个部分：线上学习、课堂学习、线下总结。线上学习（基于网络教学平台）：教师组织教学材料—分发任务—学习者完成任务—提出问题。课堂学习：学生问题反馈—小组互动—教师重难点讲解—问题解决—布置作业。线下总结：强化盲点—知识梳理—完成作业—作业（作品）展示。

（三）辅助条件

任何教学模式都是在特定的条件下才能有效的。教学模式的条件因素多种多样，诸如教师、学生、技术、环境、时间、空间等。首先，在"互联网+教育"的新型教学模式下，教师的教学方式、权威角色、师生交往方式均受到挑战。在角色定位上，教师从传统意义上的建构者、决策者转变为新型的合作者、指引者、帮助者；在教学活动上，教学活动场所由课堂转为"线上+线下"，教学方式由灌输转变为互动研究，体现出学生的主体地位，教师要尽快适应教学方式的转变，同时进一步提升专业技能。其次，混合式教学模式的实施对在线平台提出较高的要求，因为平台教育与传统意义上的课堂教学不同，教学平台的人性化程度、可操作性、可互动性都极大地影响教学的有效性。最后，要制定健全的网络教育组织管理办法，形成上下衔接、高效协同、有序开放的教育管理机制。

（四）教学评价

"互联网+"背景下的技术为教学评价提供了更为准确和可视化的工具，教师可以通过大数据进行分析，对学生的学习情况进行量化评价。教师在对学生进行评价时，需要考虑量化评价与质性评价两个方面，及时发现问题，寻求解决的策略，调动学生的主动参与性，促进学生多种能力的培养。

在教学过程中，学生是主体，学生的自我评价和学生间的互评对教师了解学生尤为重要。教学评价不单单是教师的任务和活动，也应该有学生的参与，由此才能更好地调动学生的积极性，也能使教师全面了解学生，进而因材施教。

（五）教学特点

（1）在"互联网+教育"下，教育结合互联网的开放性，打破了传统教育的时空和资源限制，学习者可以便捷地获得任意一门成熟课程体系最受欢迎的讲课视频和学习资料，增加选择、共享优质教育资源的机会，有助于推动教育资源的均衡发展。

（2）在"互联网+教育"模式下，教育需要结合大数据、人工智能等技术，在学习过程中检查学生的水平和状态，调配出有针对性的学习方案，实现个性化、差异化的教学，使得低成本、规模化的因材施教有了实现的技术手段。

（3）在"互联网+教育"模式下，学习打破了原有的固定时间、地点的学习方式，教学过程、内容、交流变得更加开放和多元。学生可以根据自己的学习需要安排学习的内容与进度，实现真正意义上的自主学习。教师不再是知识的权威，为了更有利于实现学生的主体地位，教师做好引导者，使得以教师为中心、知识灌输为主的传统教学模式转变为以学生为中心、为主体，以能力提升为核心、教师为主导的新型教学模式。

由上述分析可知，STEM与项目式教学模式研究的主题都基于学生的生活实际，从学生的生活经验和已有的知识经验出发，创设生动、有趣的情境，激发学生的科学兴趣，呵护学生与生俱来的好奇心与求知欲，进而将这种好奇心和求知欲转化为科学学习的动力。这两种教学模式都是基于问题开展教学，以问题作为课程的载体，让学生在对问题的探究中学习。在科学探究活动中，学生获得感受、体验并内化，由此逐步培养科学素养。学生在自主探究中学会观察与思考，在思考中体验成功与收获，在成功与收获中不断地发现新问题，解决新问题，这是培养学生良好科学素养必不可少的环节。"互联网+教育"教学模式打破了传统"以教师为主体"的单一课堂教学模式，实现向"以学生为主体"的教学模式的转变。教学变得个性化，学习时间、学习地点灵活多变。教师引导和鼓励学生上网查阅相关资料，学生借助于信息技术，提高自身获取知识和多元化自主学习的能力。在知识来源多元化的今天，我们应积极引导学生利用网络丰富的知识，拓宽视野，提高自主学习能力，并让网络成为激发学生学习兴趣、培养良好科学素养的强大信息平台。

第4章

学生对未来科学家素养课程的评价

第1节　学生问卷调查设计与结果分析

一、问卷的编制与实施

江苏省太仓高级中学基于对未来科学家素养的研究，自主设计了《未来科学家素养调查问卷》。问卷包括科学的个性特征、科学知识和观念、科学思维和方法、科学精神和社会责任感、创新实践能力五个维度，共25题，均采用李克特五点量表。

未来科学家素养调查问卷

亲爱的同学，你好：

　　本问卷旨在了解你目前的科学家素养水平，调查结果仅以统计数据的形式呈现，绝对不会泄露你的个人信息。所有问题的回答没有好坏和对错之分，希望你能够仔细阅读，根据内心的真实想法，回答问题。填写此问卷大概需要10~15分钟，谢谢你的参与和支持！

一、基本信息

1. 性别（　　）　A. 女　　B. 男

2. 年级（　　）　A. 高一　　B. 高二

3. 参与本课程时长：_____。

二、测试题

1. 你对本课程感兴趣吗？（　　）

　A. 非常感兴趣　　B. 感兴趣　　C. 一般

　D. 不感兴趣　　　E. 非常不感兴趣

2. 我认为自己所学知识只是用来应付考试的。（　　）

　A. 非常同意　　B. 同意　　C. 一般

　D. 不同意　　　E. 非常不同意

3. 我认为任何知识都不是孤立和分散的，各学科知识之间都有一定联系。（　　）

　A. 非常同意　　B. 同意　　C. 一般

D. 不同意　　　　　　E. 非常不同意

4. 对待新事物，我总是乐于接受。（　　）
   A. 非常同意　　　　B. 同意　　　　　　C. 一般
   D. 不同意　　　　　E. 非常不同意

5. 我经常在日常生活中发现问题。（　　）
   A. 非常同意　　　　B. 同意　　　　　　C. 一般
   D. 不同意　　　　　E. 非常不同意

6. 我能制作科学小发明或创意产品。（　　）
   A. 非常同意　　　　B. 同意　　　　　　C. 一般
   D. 不同意　　　　　E. 非常不同意

7. 遇到不懂或难以理解的内容，我能清晰准确地提出疑问。（　　）
   A. 非常同意　　　　B. 同意　　　　　　C. 一般
   D. 不同意　　　　　E. 非常不同意

8. 当我遇到问题时，我会充满信心地设法解决它。（　　）
   A. 非常同意　　　　B. 同意　　　　　　C. 一般
   D. 不同意　　　　　E. 非常不同意

9. 当我遇到问题时，我能够从多个角度寻求解决问题的途径。（　　）
   A. 非常同意　　　　B. 同意　　　　　　C. 一般
   D. 不同意　　　　　E. 非常不同意

10. 面对选择时，我有良好的决策能力。（　　）
    A. 非常同意　　　　B. 同意　　　　　　C. 一般
    D. 不同意　　　　　E. 非常不同意

11. 当老师布置学习任务时，我能根据其目的，系统地梳理和分析相关信息，并做出一定的推理，形成有效的解决方案。（　　）
    A. 非常同意　　　　B. 同意　　　　　　C. 一般
    D. 不同意　　　　　E. 非常不同意

12. 面对挫折时，我能直面挫折，勇于挑战，有良好的耐心。（　　）
    A. 非常同意　　　　B. 同意　　　　　　C. 一般
    D. 不同意　　　　　E. 非常不同意

13. 我认为各学科知识和方法在一定情况下可以相互迁移。（   ）
    A. 非常同意   B. 同意   C. 一般
    D. 不同意   E. 非常不同意

14. 我能很好地利用已有知识或方法解决当前问题。（   ）
    A. 非常同意   B. 同意   C. 一般
    D. 不同意   E. 非常不同意

15. 当我遇到不确定的事物时，我会进行猜想求证。（   ）
    A. 非常同意   B. 同意   C. 一般
    D. 不同意   E. 非常不同意

16. 课本和科学读物上的内容总是正确的，我从不怀疑它。（   ）
    A. 非常同意   B. 同意   C. 一般
    D. 不同意   E. 非常不同意

17. 我认为科学知识需要经过反复验证。（   ）
    A. 非常同意   B. 同意   C. 一般
    D. 不同意   E. 非常不同意

18. 面对新情境中的问题，我能运用已学的概念或原理，进行逻辑推理分析。（   ）
    A. 非常同意   B. 同意   C. 一般
    D. 不同意   E. 非常不同意

19. 在解决问题时，我能够提出清晰、新颖的思路，进而生成具有创意的方案。（   ）
    A. 非常同意   B. 同意   C. 一般
    D. 不同意   E. 非常不同意

20. 当我的实验结果与理想结果存在明显偏差时，我不会篡改实验现象或数据。（   ）
    A. 非常同意   B. 同意   C. 一般
    D. 不同意   E. 非常不同意

21. 我认为部分现有的科学知识在未来可能会被推翻。（   ）
    A. 非常同意   B. 同意   C. 一般
    D. 不同意   E. 非常不同意

22. 我通常很难坚持完成一个长期任务。（   ）
    A. 非常同意   B. 同意   C. 一般

D. 不同意　　　　　　E. 非常不同意

23. 在团队活动中，我能很好地与他人交流与合作。（　　）

A. 非常同意　　　　　B. 同意　　　　　　C. 一般

D. 不同意　　　　　　E. 非常不同意

24. 我能关注所学课程的相关热点问题，并做出正确的价值判断。（　　）

A. 非常同意　　　　　B. 同意　　　　　　C. 一般

D. 不同意　　　　　　E. 非常不同意

25. 我认为世界是可以被认识的，科学是对自然现象的解释。（　　）

A. 非常同意　　　　　B. 同意　　　　　　C. 一般

D. 不同意　　　　　　E. 非常不同意

二、问卷调查对象

问卷的调查对象为江苏省太仓高级中学高一、高二年级参加未来科学家素养课程的学生。问卷共发放1 042份，收回981份，均为有效问卷，回收率为94.1%，有效率100%。被调查的学生基本情况如下（表4-1）。

表4-1　未来科学家素养课程调查对象的基本情况

因素		人数/人	占总人数的比例/%
性别	男	481	49.03
	女	500	50.97
年级	高一	522	53.21
	高二	459	46.79

三、问卷调查结果统计与分析

问卷数据采用问卷星及SPSS23统计软件中的可靠性分析、描述统计等功能进行处理和分析。

（一）可靠性分析

由表 4-2 可知，本问卷信度为 0.941，符合问卷编制的要求，其问卷调查结果具有参考意义。

表 4-2 可靠性统计

克隆巴赫 Alpha	基于标准化项的克隆巴赫 Alpha	项数
0.930	0.941	25

（二）问卷统计结果

本问卷采用李克特五点量表，所赋分值由低到高分别为 0、1、2、3、4 分，平均分为 2 分。通过对回收问卷的结果进行统计，得到各维度调查结果的平均分（表 4-3）。

表 4-3 各维度调查结果统计均值

维度	平均分	维度	平均分
科学的个性特征	2.00	科学精神和社会责任	2.41
科学知识和观念	1.71	创新实践能力	2.17
科学思维和方法	2.26	总均分	2.11

由上表可知，学生在科学思维和方法、科学精神和社会责任感、创新实践能力方面高于平均分，说明未来科学家素养课程可以有效地促进学生科学思维和方法的培养、科学精神和社会责任感的形成，以及创新实践能力的发展。

1. 科学的个性特征

实施未来科学家素养课程一学期后，学生对科学研究的兴趣明显提升。当他们遇到问题时，会更有自信地设法去解决；而在面临选择时，也能具有更好的决策能力。

2. 科学知识和观念

科学知识和观念的发展具有渐进性的特点，经过一学期短暂的未来科学家素养课程强化后，学生掌握了一定的科学知识，也形成了一些还不太完善的科学观念，例如，各学科的知识和方法在一定情况下是可以相互迁移的，而科学知识是人类对世界的理性认知，但这种理性认知并非绝对正确的，在不同的时期和不同情境下，科学知识的正确与否具有相对性。随着未来科学家素养课程的常态化，学生的科学知识和观念会进一步发展。

3. 科学思维和方法

学生的科学思维和对科学方法的掌握是一个从无到有的过程，未来科学家素养课程涉及系统的科学思维的训练及科学方法的教授。在实施该课程一学期以来，学生解决科学问题的能力明显提升，主要体现在对信息的系统梳理、归纳分析和推理的能力上；遇到新情境中的问题时，能够结合前概念和已有知识对现象进行合理分析并从多个角度思考解决问题的方案。此外，学生也逐渐具备了一些批判性思维，学会了辩证地看待问题。

4. 科学精神和社会责任

未来科学家素养课程不仅让学生获得丰富的科学知识、学会更多的科学技术方法，而且对于学生科学精神和社会责任感的培养也起到非常重要的作用。例如，在实施该课程期间，学生对学习科学知识的态度有了明显转变，从"学习是为了考试考出好成绩"到"学习是为了个人发展"，再到"学习是为了社会发展"，他们的社会责任感和核心价值观逐渐形成。除此以外，对于科学的探索兴趣也成了他们研究和学习的内在驱动力。

5. 创新实践能力

未来科学家素养课程不是要培养"思想的巨人，行动的矮子"，而是在重理论的同时更注重实践和创新。创新是当今社会发展的必备因素，无论是科学思维的创新，还是科学技术和方法的创新，都是本课程的目标指向。而创新始于实践，所谓实践出真知，学生在模型的制作、实验的真实操作中会逐渐感受到科学的魅力，体会到真实的"做科学研究"的感觉，在一次次的强化中，学生思想的火花便被擦亮了。

第2节 学生访谈提纲设计

一、访谈提纲设计

学生作为未来科学家素养课程的主体，通过对课程的学习，自身的素养是否得到提高，培养的相关素养是否与未来科学家素养有差距，这些在很大程度上反映了未来科学家素养课程建设的成效。

为了深入了解未来科学家素养课程建设对学生未来科学家素养发展的作用，江苏省太仓高级中学采用访谈法，希望通过与参加课程的学生交谈，获得被访者内心深处的想法、体验与态度，了解被访者的所思所想。[1] 在正式访谈前，根据第3章第所谈及的"未来科学家素养"，从"愿不愿""能不能""做不做"这三个要素编制学生访谈提纲。经过反复修改，并在专家的指导下，最终确定了访谈提纲的具体内容，如表4-4所示。

表4-4 学生访谈提纲

未来科学家素养		访谈提纲
科学的个性特征	开放性	在合作交流的过程中，你的观点与你小组组员的观点不一样，你一般会怎么做？对待新事物，你会全盘地接受它吗？
	自信心	参加这门课程期间，有哪些时刻你受到了鼓舞？当你遇到挫折的时候，会如何调整自己的心态？
	自主性	在小组中，你主要负责什么工作呢？
	好奇心	你每周都会去上这门课吗？是什么吸引你每周都去呢？
	冒险性	你是否愿意接受较难任务的挑战？
科学的知识与观念	整体性	你认为任何知识都不是孤立和分散，各学科知识之间都有一定联系吗？
	渗透性	在学习中，你觉得各科的知识和方法可以相互迁移吗？
	动态性	你认为你所学的已被证实的知识或规律可能会被推翻吗？

---

[1] 陈向明. 质的研究方法与社会科学研究［M］. 北京：教育科学出版社，2000：169-170.

续表

未来科学家素养		访谈提纲
科学的思维与方法	聚合性	当老师布置学习任务时,你是否能根据其目的,系统地梳理和分析相关信息,并做出一定的推理,形成有效的解决方案?
	发散性	当你遇到问题时,你会从多个角度寻求解决问题的途径吗?
	迁移性	选择这门课程对你以后的发展有帮助吗?
科学精神与社会责任感	科学态度	你会质疑书本上的知识吗?
	科学精神	当你短时间内到达不了某个领域的高度时,你会坚持下去吗?
	社会责任	在学习过程中,有认识到科学、技术、社会、环境间存在相互联系吗?
创新实践能力	发现问题的能力	在日常生活中,你会发现容易被人忽视的问题吗?
	明确问题的能力	在复杂的情境中,你能够抽丝剥茧明确问题所在吗?
	解决问题的能力	当新知识与自己已有的旧知识产生冲突时,你会怎么做?

为了使访谈能够更加深入,访谈的问题以开放式问题为主,这样学生能充分表达自己的观点、经验和思想。若学生的回答很笼统或只涉及某些方面时,访谈者会进一步通过问题提示的方式,引导学生说出具体的内容或进行全面的回答,从而深入探析学生的未来科学家素养培养成效。

二、学生访谈实录

校本课程就是由学生所在学校的团队编制、实施和评价的课程。它是学校课程体系中的一个重要组成部分,与国家课程、地方课程共同组成了学校的"三级课程"结构。因此,未来科学家素养校本课程是指"未来科学家培养"试点学校依据自己的教育理念与目标,在对学生的需求进行系统评估的基础上,充分利用当地高校、科研院所、社区和学校的课程资源,通过自行研讨、设计或与专业研究人员、课程教学专家、其他力量合作等方式,编制出的可供学生选择的、为其成为"未来科学家"夯实基础、提供先期体验的多样性课程。

本研究属于定性研究，研究对象的选定需要具有代表性，从而更加全面地了解参与三类校本化课程学生的真实情况。

（一）国家科学类课程校本化学生访谈实录

国家科学类课程是数学、物理、化学、生物、地理的校本化补充，以激发和提高学生科学学习与探究兴趣，习得基本科学知识，培养基本的科学理性思维方法，发展科学学习和研究的能力，形成积极的科学态度。省太高提供多种国家科学类校本课程，包括数学史与数学文化、TI图形计算器、GGB数学建模、几何画板应用、"化生活百味，学人生真理"、微生物培养及发酵技术的应用等。

国家科学类课程选取了数学、化学及生物3个不同学科校本课程的学生作为研究对象，分别是修"数学史与数学文化"课程的 X1 学生、修"化生活百味，学人生真理"课程的 X2 学生和修"微生物培养及发酵技术的应用"课程的 X3 学生。以下是 3 名学生的访谈实录。

访谈案例一

访谈地点：江苏省太仓高级中学

访谈时间：2021 年 4 月 28 日

课程名称：数学史与数学文化

Q1：你们数学史与数学文化课有多少学生？

X1：20 人左右。

Q2：你是什么时候开始上这门课的？为什么选择这门课程？

X1：高二上学期。我对数学挺感兴趣的，所以想进一步了解有关数学的历史与文化。

Q3：你们的课程内容一般会涉及哪些方面的知识？

X1：我们一般是从某个知识点切入，主要涉及这个知识点的来源、应用和未来发展。

Q4：这门课中有没有你印象比较深刻的，对你有一定启发和帮助的地方？

X1：有，我印象比较深刻的是"排列组合"那一节课。因为排列组合的历史可以追溯到殷周时期的占卜术，即使过了这么久，它还是不可缺少的基础数学知识，所以它真是一门既古老又富有生命力的学问，让我想进一步探究它。

Q5：你对这门课有什么期许和建议？

X1：我们这门课程主要是从课本上某个知识点切入，并围绕这个知识点进行讲解，我希望可以跳出课本，增加一些现代前沿的数学知识，拓宽知识面，开阔视野。

Q6：你在上这门课的时候，和老师的关系是怎样的呢？

X1：平等的关系吧，老师就像我们的朋友一样。

Q7：老师上这门课的风格和平时有什么不同？

X1：我觉得有很大的不同。平时的课上老师会比较严肃，我们也比较拘谨。而在这门课上老师更加亲切，课堂氛围也很活泼，交流讨论也更多了。

Q8：你每周都会去上这门课吗？是什么吸引你每周都去呢？

X1：每周都会去。老师的历史小故事是吸引我每周去的重要原因，比如欧拉问教会老师"天上的星星到底有多少"、伽利略质疑权威、华罗庚买花等小故事。

Q9：那你本身对这门课程也是感兴趣的，对吗？

X1：对的，我一直以来都非常喜欢数学。

Q10：当你遇到与数学相关的问题时，你会以什么心态去解决它？

X1：还是会以一个比较积极、乐观的心态去解决它。

Q11：参加这门课程期间，有哪些时刻你受到了鼓舞？

X1：当我看到科学家在偶然间发现一些规律时，我会备受鼓舞。虽然他们的偶然肯定不是拍拍脑袋的偶然，一定是通过长时间的积累和思考，才得到的成果，但我有时候会想只要我不断积累，没准哪天也能在某一个不起眼的时候发现一些成果。

Q12：在交流讨论的过程当中，你的观点与他人的观点不一样时，你一般会怎么做？

X1：首先我会与同学据理力争，如果对方的观点是对的，我会选择欣然接受；如果我们的理由都不能说服对方的话，我们就会找老师当评判。有时候老师的理由也不能完全说服我，我会自己回家查阅资料，第二天再与老师、同学辩论。

Q13：对待新事物，你会全盘地接受它吗？

X1：不会。面对新事物，我会先经过价值判断后才考虑是否接受它。比如，我们课上最近讲到了一个考据文化，它主张新事物要想让人信服，就得凭证据说话。

Q14：当你遇到不懂或难以理解的内容，你会向老师提问吗？

X1：会，我通常会利用大课间去办公室询问老师。

Q15：你会停留在有想法、感兴趣的阶段吗？如果让你为这些有意思的想法进行尝试或者冒险，并付出一定的时间和精力，你会愿意吗？

X1：我会选择去尝试，因为很多事情你不去试，就永远不知道自己到底行不行。但一开始我会预设一个时间，如果这个研究花费的时间超出了我预设的时间的话，我有可能就不会继续下去了。

Q16：你认为任何知识都不是孤立和分散的，各学科知识之间都有一定联系吗？

X1：我认为各学科知识之间都是互通的，比如，在物理课上经常会使用数学运算和一些数学方法；生物和化学联系也比较紧密，在生物书上会经常看到一些化学方程式。

Q17：在理科的学习中，你觉得各科的知识可以相互迁移吗？

X1：我觉得可以，常见的是一些科学方法之间的迁移。

Q18：你认为所学的已被证实的科学知识可能会被推翻吗？

X1：可能会，在我看来很多被证实的科学知识可能会在不久的将来或千百年后被人推翻。因为知识并不是一成不变的，它也在不断完善和发展。

Q19：对于新知识，你用什么方法和技巧帮助自己更好地理解和掌握？

X1：我会先去搞清楚它的原理，然后通过点对点的训练达成对新知识的了解与掌握。

Q20：选择这门课程对你以后的发展有帮助吗？

X1：我认为对我的帮助都是潜移默化的。通过这个课程，我可以更好地了解、欣赏、评价数学学科，也能够更加理性地思考问题了。

Q21：当老师布置学习任务时，你是否能根据其目的，系统地梳理和分析相关信息，并做出一定的推理，形成有效的解决方案？

X1：会。对于老师布置的任务我们都需要下课查阅、梳理相关信息，并制作PPT上台汇报。

Q22：当你遇到问题时，你会从多个角度寻求解决问题的途径吗？

X1：这要分情况，如果在考试中遇到问题，我一般会从自己熟悉的角度入手；如果是平时做作业的话，我会把自己能想到的不同方案都写上去。

Q23：你会质疑书本上的知识吗？

X1：会，比如最近学的正态分布，书上说正态分布图像与横坐标围成的面积等于1，但图像与横坐标根本就没有交点，所以只能说面积趋近于1而不是等于1。

Q24：在学习过程中，有认识到科学、技术、社会、环境间存在相互联系吗？比如说你制作的道具，是否有想过，如果不充分利用可能会造成一定的资源浪费？

X1：存在联系，科学技术会推动社会的发展，而社会也会制约或推动科学技术的发展。在经济发展的过程中，环境已遭到严重破坏，因此我们现在也在探寻可持续发展之路。平时在自制道具时，也会造成一定的资源浪费。

Q25：在日常生活中，你会发现容易被人忽视的问题吗？

X1：会，有时候会经常想鸟为什么会飞，天空为什么会是蓝色的，彩虹是如何形成的等问题。

Q26：在复杂的情境中，你能够抽丝剥茧明确问题所在吗？

X1：我会根据情境一步一步地看，最后明确问题所在。

Q27：当新知识与自己已有的旧知识产生冲突时，你会怎么做？

X1：我会寻求老师、同学的帮助，并在网上查阅资料检索专门针对这个新知识进行讲解的文章。

访谈案例二

访谈地点：江苏省太仓高级中学

访谈时间：2021年4月28日

课程名称：化生活百味，学人生真理

Q1：请简单介绍一下你的化学选修课？谈谈你从中有何收获。

X2：这门选修课主要以做实验为主，有很多动手实践的机会，实验的选题与生活有关，可以自己制作一些与化学有关的产品，比较有意思。

Q2：能否列举一个令你印象深刻的实验？

X2：做皮蛋，这一实验让我们把书本上的知识运用到生活中。我们一起挖泥，将氢氧化钙和碳酸钠混在泥中，配制出化学药品，自己动手

将泥裹在鸭蛋上。比较有意思的是，老师问我们这两者在水溶液中会发生怎样的反应，我们觉得这就是一个简单的复分解反应，不就是生成碳酸钙和氢氧化钠吗？然后，她又接着问我们是否可以用氢氧化钠直接做皮蛋。这下班级里可热闹了，有认为不行的，毕竟氢氧化钠是一个强碱；有认为可以的，通过化学上的分析，碳酸钙和碳酸钠都属于碳酸盐，两者应该都不是做皮蛋的关键成分，产物氢氧化钠才是做皮蛋的关键成分，事实摆在那里，虽然氢氧化钠具有强腐蚀性，但是浓度低的时候作用有限。后来老师就给我们展示了一篇文章，说明氢氧化钠确实可以用来做皮蛋。课后老师让我们自己搜集一些这方面的资料来增进了解。做皮蛋这个实验，真的非常有意思，它让我觉得化学有时挺不可思议的，氢氧化钠用来做皮蛋，这是我之前不怎么相信的，可是，事实就是这样，生活处处皆化学。还有制备氯气，利用书本上学到的化学原理，加热二氧化锰与浓盐酸制取氯气，并且我们还做了实验亲自探究氯气的化学性质。

Q3：你们这门课有专门的教材吗？

X2：老师会给我们打印一份资料，提供一份实验报告，让我们预习。课前她会在黑板上写这节课实验的主题，我们会把最初的实验构想也写在上面。

Q4：你觉得这门课实验的选题怎么样？

X2：我觉得实验的选题比较人性化，老师让我们自己选，充分征求我们的个人意见，然后根据我们所列举的实验清单，判断学校里能否实现这些实验，再从中筛选。

Q5：这门课主要是以做实验为主吗？

X2：除做实验之外，还会观看科学纪录片。

Q6：你看过什么纪录片？

X2：《门捷列夫很忙》《美丽化学》等。

Q7：那你觉得看这些纪录片有怎样的收获呢？

X2：可以了解某个物质在课本之外的一些知识，《美丽化学》里那些比较美丽的化学现象，是平常生活中看不见的，比如那些结晶的画面就非常漂亮。

Q8：《门捷列夫很忙》里面会穿插一些化学家的故事，在这个方面，你有些什么收获呢？

X2：从中感受到化学家勇于奉献、不断探索的精神。

Q9：做实验的话，一般是个人完成的还是小组完成的？

X2：小组完成。就比如说刚才说到的"氯气的制备和性质"的实验，我们一起制备出氯气，每个人都装了一个集气瓶，然后我们每个人再做一个探究氯气性质的实验。我做的是关于氯气与铁丝的实验，做完之后，再互相交换着做。相当于，我们把整个实验的每个流程都体验了，就是顺序不一样。每个实验都有分工，比如，谁拿药品、谁配制药品、谁记录反应过程。

Q10：你个人对团队合作是一种怎样的态度？

X2：挺好的，可以和每个人都聊一聊，增进了解。

Q11：意见不一致的时候，你们会如何处理呢？

X2：如果遇到这种情况，我们会让每个人自己都做一遍，用实验判断谁说得对。

Q12：实验步骤的话，一般是老师给你们提供，还是自己去思考如何操作？

X2：老师会先说明实验的主题，让我们自己思考如何做这个实验。她还会提出一些问题让我们回答，然后她根据我们回答时出现的问题，再慢慢地讲解。

Q13：在这门课里有没有接触过一些比较先进的化学设备？

X2：今天我们刚好在学如何使用传感器，还在学习使用方法中。

Q14：你如何评价上这门课的老师呢？

X2：她挺和善的，跟每个人都挺聊得来的。她经常会走到学生身边，跟学生近距离探讨一些问题。她会询问我们对于实验的感想，问我们认为实验中有哪些不足、如何改进这些不足，还会聊些生活中的小想法。比如，有一次我们做银镜反应，老师就过来问我怎么去除银镜。我说用稀硝酸，老师就帮我拿一瓶稀硝酸过来，我就把它加进去，将银镜除去。然后，老师又让我把银镜过滤出来，这就又涉及除杂问题了。

Q15：当她在课堂中提出问题的时候，你会不会积极踊跃地发表自己的看法？

X2：如果我知道答案，我会在座位上说，一般老师都能听见，彼此能够有一个比较好的互动。

Q16：有些时候，可能自己也会有一些比较异想天开的想法，你会说出来吗?

X2：也会积极表达出来。

Q17：那老师会是一个怎样的态度呢？

X2：老师会视情况而定，比如有些同学表示想要制作三硝基甲苯，那是个炸药。老师就会说，你们不要搞这些比较危险的东西。她会比较委婉地拒绝一些比较奇妙的、危险的想法。

Q18：你们的课堂氛围应该是比较活跃的吧？

X2：是的，我们的课堂氛围非常活跃。课上的讨论也比较多，因为有小组合作。像今天我们要使用新的仪器，大家就会讨论这个仪器要怎么使用，当然需要边看说明书边讨论。

Q19：通过对这门课的学习，你有没有对化学更加感兴趣？

X2：嗯，本来就是比较感兴趣的，这门课让我更加感兴趣。因为我们在平时的化学课上很少有机会做实验，但是在这门课上可以有很多机会动手做实验，这会让我对化学更感兴趣。

Q20：学习了这门课，会影响你未来的选择吗？未来会继续朝化学这个方向走吗？

X2：走一步看一步，现在还是兴趣。可能会更多地朝这个方向或类似方向去发展。

Q21：通过对这门课的学习，你是否更加有信心去学习日常的化学课呢？

X2：会的，觉得自己可能掌握了更多的知识和方法去学习化学。

Q22：你觉得这门课有没有帮助你学习其他科目？

X2：物理和生物也会稍微用到一些化学知识，因此更多的是停留在知识层面上的帮助。

Q23：你觉得化学和其他学科的关系是怎样的？

X2：互相连通的，比如，物理和化学，它们都有对于原子的研究，有些物理学家在探索微观世界的时候，有可能偶然间发现一些新元素，有很多物理学家因此也获得了诺贝尔化学奖。

Q24：假如说未来你要从事化学方面的研究，你觉得自己应该做哪些准备？

X2：那肯定要把与化学有关的其他学科的一些知识基础打好。

Q25：能否分享一下你的化学学习方法？

X2：最重要的就是弄懂原理。平时的话，会记一些笔记和知识点，会在笔记旁边写些自己的东西，比如，我会在知识点旁边写一道与它相关的例题。

Q26：当你学习新知识的时候，你有一些怎样的方法和技巧来帮自己更好地理解和掌握呢？

X2：首先要用到过去已有的知识来帮助理解新的知识，如果有一些不清楚的地方会上网查资料。

Q27：遇到一些比较难的题目，你会怎么做？

X2：先自己想，想不出来的话，就会和同学讨论，与同学讨论不出来，就问老师。自己还是会主动花心思来研究这个不会做的题目的。

Q28：通过对这门课的学习，你是否更加乐于接受一些比较新鲜的事物呢？

X2：会的。

Q29：做实验时，有时可能会遇到一些小小的挫折，能分享一下这方面的经历吗？

X2：上次做大象牙膏实验的时候，可能是因为洗涤剂放少了，稀释太多了，没能成功做出来，没能产生喷涌而出的壮观景象，我有点遗憾，第一次实验做得没有那么成功。

Q30：那你后来有没有试着再做一次？

X2：看到不少小组都失败了，就放弃了，不想浪费实验器材，所以就稍微找一下原因。只是把它停留在想法上，没有去进行进一步的验证，检验是不是这个原因。

Q31：听得出来你很热爱化学，那你如何看待化学这门学科呢？

X2：我觉得化学比较奇妙，比较吸引我，然后它确实对人们日常生活有一定的帮助，这门学科比较实用。

Q32：你觉得化学奇妙在哪里呢？

X2：它各种反应产生的现象比较吸引我。

Q33：你觉得化学比较实用，能举个例子吗？

X2：生活中的各种小妙招，做面包的时候，放一些碳酸氢钠，就可以让面包更蓬松。还有，84消毒液不能和洁厕灵一起用，会产生有毒气体氯气。这些生活常识里都有化学的身影。化学在生活里的应用涉及的比较多，生活中的一些塑料用品等都是化学的产品。疫情期间所使用的医疗器械、手套、防护服，都是化工产品。放大来讲，化学在医疗方面，对人类也非常有用，掌握化学原理，就可以更好地治疗人类的疾病。

Q34：如果发生了火灾，而你是一名消防员，你会如何应对？

X2：先分析造成火灾的原因，观察周围环境的物质构成，根据实际情况再做出应对。假如化工厂着火，仓库里面有钠，就不能用水来灭，因为钠与水会发生剧烈的反应，显然会加剧火灾。

Q35：假如说遇到了气体泄漏，你会怎么做呢？

X2：也是首先要确定是什么气体泄漏，如果在家里的话，发生煤气泄漏之类的，就会选择开窗通风。另外一种思路就是将有毒气体处理掉。

Q36：现在，我们每天都会接触到好多化学信息，你是否会去怀疑其中的一些内容？

X2：偶尔会，之前刷到一个与化学有关的视频，我觉得里面讲的东西不太对，就和化学老师讨论了一下。

Q37：刚刚我们谈到了化学的一些价值，化学与社会、环境之间都有密切的联系，你是如何看待化学与它们之间的关系的？

X2：有利有害，一方面，化学可以造福人类，比如利用原电池的原理，保护轮船、研发一些新的有用的材料，减少对环境的危害。另一方面，化学也会造成一些危害，比如产生一些有毒物质，排放出来就会污染环境。

Q38：作为一名学习化学的学生，你觉得有毒物质的排放难题能被解决吗？

X2：可以利用一些化学原理进行处理，吸收、中和这些有毒物质。

Q39：你对这门课的哪些环节印象比较深刻？

X2：动手实验部分。

Q40：你从动手实验中有何收获？

X2：书上写的或者老师讲的，都是比较理论的。亲手去操作的话，其实可能会有很多失误，做实验的过程中还是有很多的问题。如果亲手去做的话，你就会真正体验到做实验的感觉。比如说，刚刚提到的大象牙膏实验，看着挺容易的，做起来其实还是有很多细节要处理。

Q41：这次实验的失败会对你下一次的实验有帮助吗？

X2：下次实验时，我做每一步都会思考更多，怎么加、怎么调配、如何把每一步都做好，会多留心一些细节。比如，原来可能就是停留在字面上的"少量""适量""过量"，说说很容易，但是动手做的话，就需要将这些词汇转变为实际操作中的试剂用量，还是要有所思考才行。

Q42：这门课会不会涉及一些课本上没有的化学知识？

X2：有一些，但大部分还是课本上的知识。

Q43：现在所学的一些知识，或者是已经被证实的一些科学知识，你觉得它未来可能会被推翻吗？

X2：有可能的，比如说原子结构，玻尔提出的能级，只能解释氢原子，所以说原子结构其实有可能还会有更进一步的发展。

Q44：这种发展，你觉得它的推动力是什么？

X2：科学家做的实验，得出新的实验结果。

访谈案例三

访谈地点：江苏省太仓高级中学

访谈时间：2021年4月28日

课程名称：微生物培养及发酵技术的应用

Q1：你们这门课程有多少名学生参与？

X3：18名。

Q2：你是什么时候开始上这门课的？为什么选择这门课程？

X3：我现在是高二，我从高一下学期就选修了这门课程，我对生物很感兴趣，所以一直想选这个。

Q3：你们的课程内容一般会涉及哪些方面的知识？

X3：上学期是线虫的培养和观察，这学期主要是微生物的培养。

Q4：你参加这门课后，有哪些课程环节令你印象比较深刻，并从中获得一定的启发和帮助？

X3：很多啊，像培养和观察线虫的过程，学到了很多操作方面的知识，相当于是对平时生物学内容的一种扩展，这门课可能是生物学某一个点上的突破，或者是对更多点的涵盖。

Q5：你对这门课有什么期许和建议？

X3：我希望可以接触到更前沿一些的知识，书本上的实验知识很多都已经做过了，比如现在动植物涉及得比较多，微生物涉及得很少。

Q6：你在上这门课的时候，和老师的关系是怎样的呢？

X3：老师在讲理论的时候还是非常专业的，像是我们的指导者，但是在实验过程中，老师更像我们的伙伴，非常亲切地教我们应该怎么做。

Q7：老师上这门课的风格和平时有什么不同？

X3：会给我们更多自主交流、探索的机会，每节课都会做实验，还会让我们自己查资料然后上去讲课，我觉得挺有意思的。

Q8：你每周都会去上这门课吗？是什么吸引你每周都去呢？

X3：是的，每周都会去的，因为每周都会有新的实验呀，实验成功后很开心的！

Q9：那你本身对这门课程也是感兴趣的，对吗？

X3：是的，我对生物是非常感兴趣的。

Q10：当你遇到与生物相关的问题时，你会以什么心态去解决它？

X3：首先我会去联想课上的知识，看看能否根据已经学过的知识去解决问题，如果发现无法解决的话，我会去查阅一些资料或者问老师，虽然不保证可以解决问题，但我还是非常想去研究一下的。

Q11：参加这门课程的过程中，有哪些时刻你受到了鼓舞？

X3：当我做出的实验结果和书本上的数据高度吻合时，我会非常激动，还有当我查阅了好多资料给同学们介绍相关知识时，也会很有成就感。

Q12：在交流讨论的过程当中，你的观点与他人的观点不一样时，你一般会怎么做？

X3：一般先是和他们进行讨论，并给出相关资料证明自己的观点，实在是存在分歧的话会求助老师。

Q13：对待新事物，你会全盘地接受它吗？

X3：肯定不会啊，我会辩证地看待它。

Q14：当你遇到不懂或难以理解的内容，你会向老师提出疑问吗？

X3：这是肯定的。

Q15：你会停留在有想法、感兴趣的阶段吗？如果让你为这些有意思的想法进行尝试或者冒险，并付出一定的时间和精力，你会愿意吗？

X3：如果有时间和精力，我肯定会亲自去尝试一下，主要是因为现在没有时间和精力，比较遗憾，高中生太苦了啊！

Q16：你认为任何知识都不是孤立和分散的，各学科知识之间都有一定联系吗？

X3：生物的基础知识需要化学和物理来进行铺垫，里面一些基本原理，也是通过物理手段或者化学手段来发现的。

Q17：在理科的学习中，你觉得各科的知识可以相互迁移吗？

X3：当然是有的啦，比如说光合作用的一些方程式，化学里也有；培养细菌时促进细胞融合，用的是物理手段；发生突变所需的伽马射线，物理也有讲到。

Q18：你认为你所学的已被证实的科学知识可能会被推翻吗？

X3：我们从小就这么被教育的啊，教材经常会改动，换一种说法或者换一个结论，但是大框架是不会变的，可能是其中一些细小的点会不断修正。

Q19：你选择这门课程对你以后的发展有帮助吗？

X3：首先，可以培养逻辑思维，做生物实验需要严谨；其次，我个人是比较喜欢生物的，哪怕以后可能不从事和生物有关的工作，但业余也会想自己养点什么动物或植物，那也挺好的。

Q20：当老师布置学习任务时，你是否能根据其目的，系统地梳理和分析相关信息，并做出一定的推理，形成有效的解决方案？

X3：我们现在学习的时间有限，所以没有办法独自完成老师给出的任务，我们通常以小组为单位，分工合作，但这一过程中，我确实有对信息进行梳理和分析，并且做出推理，形成解决方案。

Q21：当你遇到问题时，你会从多个角度寻求解决问题的途径吗？

X3：会的，因为经常是一开始的方案行不通，然后我们就会想其他办法。

Q22：你会质疑书本上的知识吗？

X3：虽然没有质疑吧，但是会有一些思考，还有就是偶尔同学们会反驳老师的观点，然后一起讨论。

Q23：在学习过程中，有认识到科学、技术、社会、环境间存在相互联系吗？比如说你制作的道具，是否有想过如果不充分利用可能会造成一定的资源浪费？

X3：我觉得生物的用途真的是太广泛了呀。比如，最基础的医疗肯定是离不开生物的，更别说我们现在对人类的探索，对地球生命的探索，对生命起源之类的探索，这些和生物息息相关。另外，我觉得我们要比较公正、理性地对待这些生命，它们是为我们牺牲的，但是这是必要的牺牲，既然它们为我们牺牲，我们就有必要做到最好，做到资源的最大利用，得出最科学的结论来祭奠它们。再比如，现在大自然受到很多破坏，但我们人类只是自然中的小小一部分，还是要尊重、敬畏自然的，毕竟我们对于大自然来说实在是太渺小了啊！

Q24：在日常生活中，你会发现容易被人忽视的问题吗？

X3：会的。我以前会特别纠结于一点，像土豆发芽，为什么不能直接吃，为什么会有毒之类的。我小时候就经常问我妈为什么，但我妈不是很清楚，她就觉得不能吃就是不能吃啊，然后我就会非常疑惑，就去问科学老师，后来老师有告诉我答案，但我现在记不太清了。

Q25：在复杂的情境中，你能够抽丝剥茧明确问题所在吗？

X3：这方面我还不太强，还需要进一步学习。

Q26：新知识与自己已有的旧知识产生冲突时，你会怎么做？

X3：可能会做一些比较吧，毕竟我们也是一点点学上来的，教材的改变也是难以避免的。先是通过查资料做比较，然后不理解的再去问老师。

（二）延伸提高类校本课程学生访谈实录

在延伸提高类校本课程目标的指导下，并在校本课程团队的支持下，结合高中科学类教材的相关科学知识，根据学生的科学兴趣和学校的特色，延伸提高类校本课程的内容按照趣味性、探究性、前沿性等原则，成立了机器人社、科创社、天文社、无人机社、乐高机器人社、DI社等社团，涵盖电子制作、视觉成像、人工智能机器人、激光雕刻和车床等延伸提高类校本课程。学生根据自己的兴趣爱好和自身的发展潜力选择社团参加科学探究活动，了解科学研究的基本范式与基本方法。

延伸提高类课程从DI社团、天文社团和人工智能社团3个社团各选取了一名学生作为研究对象。3个社团的课程兼具趣味性、探究性、前沿性等原则，但又各有侧重。以下是3名学生的访谈实录。

访谈案例一

访谈地点：江苏省太仓高级中学

访谈时间：2021.4.28

课程名称：DI社团

Q1：除了平时上的常规课程之外，你有参加过其他类型的课程吗？

S1：有的，我参加了社团课，我是 DI 社团成员。

Q2：那你们 DI 社团学生规模是多少？

S1：六七个人。

Q3：你是什么时候开始参加社团课的？你为什么选择参加这个社团？

S1：这学期刚参加。因为上学期参加这门课程的学生去参加了创客比赛。这个比赛很有意思，我记得当时他们参加的是科技领域的比赛，比赛会给你预设一些奇奇怪怪的能力，有点像游戏，给你配置某种能力，然后要你闯过某种关卡去打 Boss。所以这学期我就想来参加这门课了。

Q4：你们学校为这门课程提供了哪些硬性设施？

S1：教室、制作道具的材料和工具。

Q5：你们的课程内容是怎么实施的？

S1：我上的 DI 社团课，其中的"DI"是"Destination Imagination"的英文缩写，意思是有目的地想象。老师一般会给我们看科幻视频，隔几周会给我们布置一个项目任务，让我们根据任务进行小组分工。我们需要自己制作一些道具，自己编写剧本，小组成员一起通过表演将这个项目展示出来。

Q6：你参加社团后，有哪些活动令你印象比较深刻，并从中获得了一定的启发和帮助？

S1：我们这个社团自由度比较高，一般都是老师给一个课题让学生去想象。我觉得对自己有帮助的是每次的小组讨论交流，组员的一些观点和看法很有意思，我会深受启发。

Q7：你对这门课有什么期许和建议？

S1：我觉得挺好的，没有什么建议。

Q8：是哪一门学科的老师给你们社团授课？

S1：是两位物理老师。

Q9：你在上这个社团课的时候，感觉和老师的关系是怎样的呢？

S1：感觉老师和我们是平等的，和我们一起讨论交流。

Q10：在社团课上，老师上课的风格和平时有什么不同？

S1：是有些不一样。首先是座位，社团课是圆桌，而平时上课的教室桌子排列得很方正，圆桌就很方便我们小组讨论交流。其次是角色，

社团课都是我们学生自行组织各种活动，老师只在我们遇到问题时参与我们的活动；而平时课上却是老师讲很多，自己没有太多表达想法的机会。

Q11：你每周都会去上这门社团课吗？是什么吸引你每周都去呢？

S1：会。跟同学一起讨论、交流的氛围感。

Q12：那你本身对这门课程也是感兴趣的，对吗？

S1：是的，因为我喜欢看小说，也愿意在组里写剧本。

Q13：你会在看完老师分享给你们的科幻电影后，对电影中提出的一些有意思的科学设定和对未来科技生活的设想感兴趣吗？

S1：还是会很感兴趣的。

Q14：当你遇到挫折的时候，会如何调整自己的心态？

S1：我睡一下就好了。

Q15：参加这门课程期间，有哪些时刻你受到了鼓舞？

S1：小组讨论的时候，我说的观点被组员采纳，我就会很开心。

Q16：在合作交流的过程中，你的观点与小组组员的观点不一样时，你一般会怎么做？

S17：如果他说得很有道理，我会接受他的观点。

Q18：对待新事物，你会全盘地接受它吗？

S1：不会。

Q19：你在小组中主要负责什么工作呢？

S1：我比较喜欢写剧本，在小组分工中，我承担写剧本的工作。

Q20：你会停留在有想法、感兴趣的阶段吗？如果让你为有意思的想法进行尝试或者冒险，并付出一定的时间和精力，你会愿意吗？

S1：我会对自己进行评估，如果自身有能力的话，我会去尝试，如果没有的话，我会放弃。

Q21：在理科的学习中，你觉得各科的知识是相通的吗？

S1：生物其实和化学、物理都有密切的联系，比如说研究一些生物细胞的物理特性。

Q22：你认为你所学的已被证实的科学知识可能会被推翻吗？

S1：我觉得每个被证实的科学知识都有其自身适用条件，可能后面会被推翻，因为条件不再适用了。

Q23：对于新知识，你用什么方法和技巧帮助自己更好地理解和掌握？

S1：我会梳理新知识，画思维导图，形成完整的知识脉络。

Q24：选择这个社团对你以后的发展有帮助吗？

S1：有。因为我有很多稀奇古怪的想法。这门课不仅让我能够了解其他同学的有趣想法，而且还能和小组成员一起将这些想法付诸实践。有这样的实践机会锻炼自己，对我以后会有很大的帮助。

Q25：收集完资料，在与小组成员交流讨论后，你是否对你研究的项目形成了系统的认识？

S1：有，尤其是大家分享完各自搜集到的资料后，对于项目的认识更全面了。

Q26：你们小组在完成项目任务的过程中，遇到瓶颈是否会换一条路走？

S1：会，我们常常因为制作的道具舞台展示效果不好而换方案。

Q27：你会质疑书本上的知识吗？

S1：会，讲义上有些情境不符合生活实际，与所学理论有冲突，我就会向老师提出疑问。

Q28：在学习过程中，有认识到科学、技术、社会、环境间存在相互联系吗？比如说你制作的道具，是否有想过，如果不充分利用可能会造成一定的资源浪费？

S1：有感受到，这个的确是应该考虑的，我会废物利用，使道具循环使用。

Q29：新知识与自己已有的旧知识产生冲突时，你会怎么做？

S1：视情况而定，如果跟我们现在学的知识有联系，我就会询问老师，如果没有联系，我可能会先放一边，等过段时间再去看待这个冲突，到那时冲突可能就不存在了。

访谈案例二

访谈地点：江苏省太仓高级中学

访谈时间：2021.4.28

课程名称：天文社团

Q1：除了平时上的常规课程之外，你有参加过其他类型的课程吗？

S2：有的，我参加了社团课，我是天文社团的成员。

Q2：你是什么时候开始参加这个社团课的？

S2：上学期就开始参加了，这学期还在参加中。

Q3：学校在这方面提供什么设施吗？

S2：天文望远镜……

Q4：课程是如何实施的？

S2：平时会看一些科普视频，然后在老师的引导下交流讨论；老师也会布置一些有关天文的任务，让我们课后收集资料，讨论交流，制作PPT并在课堂上分享；最后还有一些实践活动，比如让我们使用天文望远镜观察行星等。

Q5：你参加课程以来，有哪些活动令你印象比较深刻？

S2：印象比较深的是老师经常会布置一些有关天文的任务给我们，让我们上台分享。在这个过程中，我们会搜集很多资料，阅读相关书籍，在汲取这些知识的过程我发现了天文的很多奥秘。

Q6：当出现一些天文奇观的时候，你们这个社团有没有组织用望远镜观察这些现象？

S2：有，老师组织和同学自发组织都有过。比如出现满月时，我们就会组织起来用望远镜观察这些现象并探讨这些天文现象背后的原理。

Q7：你们社团有多少人？

S2：20人左右。

Q8：上完这个课程，你觉得哪些方面可以进一步完善？

S2：希望可以进一步深挖观察到的现象，能了解科学家当初是怎么发现这些天体的运动，然后总结出相应的天体运动运行规律的。

Q9：会在课程中涉及一些科技前沿知识吗？

S2：有，每周有一次全科阅读课，由不同学科的老师分享阅读经验，我们在此过程中了解了一些科学前沿知识，开拓了自己的视野。

Q10：是哪一门学科的老师给你们社团授课？

S2：地理老师。

Q11：在这个课程中，教师和学生的关系是怎样的？

S2：平等的关系吧，甚至有时候课堂是由我们学生自己来主导的。

Q12：在社团课上，老师和平时上课的风格有什么不同？

S2：平时大部分课都是老师在引导我们，但在社团课上，绝大多数时间我们都在自主选择感兴趣的内容进行研究，老师只在我们遇到问题时适当给予帮助。

Q13：你每周都会去上这门社团课吗？是什么吸引你每周都去呢？

S2：会，从小就对天文感兴趣。

Q14：那你本身对这门课程也是感兴趣的，对吗？

S2：对，很早就感兴趣了。

Q15：在合作交流的过程中，你的观点跟你小组成员的观点不一样时，你一般会怎么做？

S2：先和小组成员进行讨论，然后查阅资料进行观点融合或改正。

Q16：对于新鲜的事物和观点，你会全盘接受吗？

S2：不会。

Q17：当你遇到挫折时，你会如何调整自己的心态？

S2：首先我会跟自己的亲人或朋友谈心，然后会找一些事情做以分散自己的注意力，舒缓自己的情绪。

Q18：你会只停留在有想法、感兴趣的阶段吗？如果让你为这些有意思的想法进行尝试或者冒险，并付出一定的时间和精力，你愿意吗？

S2：不会只停留在感兴趣的阶段，我会愿意为这些想法付诸实践，但如果经历一段时间的努力后并没有进展的话，我可能就会先放置在一边了。

Q19：在理科的学习中，你觉得各科的知识是相通的吗？

S2：我觉得它们都是联系密切的。就比如说，在生物的学习中，会突然出现一串化学方程式。

Q20：你认为你所学的已被证实的科学知识，可能会被推翻吗？

S2：会，在历史的进程中，当有新的解释或理论出现时，那么这些科学知识就会被修改或推翻。

Q21：对于新知识，你会用什么方法和技巧帮助自己更好地理解和掌握？

S2：我会将新知识与已有的经验联系起来，并尝试运用所学的新知识解决生活中的问题，使之成为我自己的经验。

Q22：选择这个社团，对你以后的发展有帮助吗？

S2：我觉得有，在参加这些活动的过程中，可以与志同道合的人一起讨论交流，并通过查阅资料和在老师的引导下了解了有关天文的前沿科技知识，由此我萌发了做一名天文学家的梦想。

Q23：收集完资料，在与小组成员交流讨论后，你是否会对研究的课题形成系统的认识？

S2：会，因为社团活动大多数都是需要上台展示的，所以我会认真梳理文献并制作条理清晰的PPT，然后与小组成员交流讨论，这样就会对研究的课题有更全面和系统的认识。

Q24：在完成社团布置的任务时，遇到瓶颈是否会换一条路走？

S2：会，当遇到瓶颈时，我作为天文社的副社长应该发挥自己的组织与协作能力，带领小组成员交流讨论并查阅资料，尝试用不同的方案。

Q25：你会质疑书本上的知识吗？

S2：会，有时候老师给的讲义在语言表达上有歧义或者有些题目选项是错误的，我会去和老师反映这个情况。

Q26：你们如何理解科学、技术、社会、环境四者之间的关系？

S2：我觉得四者间关系还是比较密切的，科学与技术会促进社会的发展，但过去的几十年我们意识到随着科技的不断发展与进步，环境却遭受了不可逆的破坏，因此我觉得在发展过程中还要注重环境保护，形成可持续发展。

Q27：当新知识与自己已有的认知产生冲突时，你会怎么做？

S2：我个人的话可能还是会查阅资料。

访谈案例三

访谈地点：江苏省太仓高级中学

访谈时间：2021年4月28日

课程名称：人工智能社团

Q1：为什么选择这门课呢？

S3：出于自己的爱好，想朝这个方向走，所以就上了这门课啊！

Q2：你觉得自己从机器人的课程中收获了什么？

S3：一方面兴趣有所提升，另一方面信息面会有所拓展，因为传统物、化、生课程里的观点比较少。像我们的比赛，听起来很"高大上"，你真正自己去做，会发现其实还挺简单的，没有很高深，至多是一门有别于传统课的信息课。

Q3：这门课跟你们传统的物、化、生课程有什么不同？

S3：传统的物、化、生课程，相比于这些社团课是比较枯燥的。

Q4：难度上你觉得不是特别难，对不对？

S3：是的。

Q5：学校提供了哪些设备？

S3：创客类比赛的机制对设备没有什么要求，主要是现场给一个主题，然后用已有材料去做一些能契合这个主题的东西。考察的内容一方面是你的作品完成度，另一方面是你的创意和想法。

Q6：比赛时会给大家一个新的主题，那平时是怎么训练自己这方面的能力呢？

S3：会先做一些预案。每次大家先随便想一些主题，然后自己先做预案。一方面，能锻炼自己的思维；另一方面，如果之后比赛遇到了类似的主题，就可以直接用上去。此外，自己要熟悉机器。

Q7：这门课你最感兴趣的是什么？

S3：跟硬件"斗智斗勇"，硬件经常出故障，自己去摸索着修它们。

Q8：所以老师基本上是放手让你们自己去做的，对吧？

S3：会有指导。

Q9：他们的指导主要集中在哪些方面？

S3：有些确实是能力范围之外的。老师虽然没有经过这类竞赛的系统培训，但是他的知识和理论储备比我们深厚一些，他解决起来会比较方便。

Q10：老师跟你们的关系是怎样的？

S3：这种社团课跟传统的课肯定是有区别的，上这种课比平时上课和老师相处更轻松。

Q11：是同一个老师吗？你会更喜欢哪个老师？

S3：我们有一些社团课老师就是任课老师，上学科课和社团课的其实是同一个人，但是他们的上课状态是不一样的。本身这两种课的性质就不一样，目的也不一样。上学科课程是为了学知识，为了考试。社团课就是为了拓宽知识面，功利一点则是为了比赛。课程的性质不一样，所以没有什么喜欢或不喜欢。

Q12：你以后想从事这方面的工作吗？

S3：因为现在已经培养出来了，那以后至少会是一个备选项。

Q13：你觉得这门课与其他学科之间有什么联系？

S3：这门课与信息技术课有联系。课程还要求具备一点物理知识。虽然我们还没有达到很高的水平，但我发现各个学科之间是有融合的。

我们现在学的东西看上去很高深，其实很简单。由于接触到的东西还只是皮毛，所以即使有一些相交叉的知识，学得也不深。涉及的一些跨学科的难题，依据现有所学或略做能力提升和知识拓展，就都能被解决。

Q14：社团课都是分小组学习吗？还是说你独自学习？

S3：分小组一起学习，但我比较喜欢一个人。虽然我和别人是一个团队，但是我比较喜欢一个人在角落里干。如果别人找我帮忙，我也会积极帮助他们。

Q15：你如果遇到问题，会怎么解决？

S3：我一般会问老师，很少与其他同学沟通。

Q16：你们会对老师的观点提出疑问吗？

S3：会，我非常喜欢跟老师争论。

Q17：那你们是如何实践这一想法的呢？因为从想到做，还是有很长一段路要走的。

S3：我和我的队友这方面的经验比较多，平时积累了很多预案。我们就把已有的程序，做一些契合主题的修改，比如做了智能变轨系统、潮汐车道。

Q18：在课堂之中，你们平时会做哪些训练？

S3：我们学校的这些社团比较专业，我们对设备都很了解，像人工智能主要依托的设备是机械臂，我们会用它去解决一些问题。此外，平时我们会经常琢磨，积累很多预案，就好比语文作文的素材，比赛时，就能用上。

Q19：那你们平时上课是自己的想法比较多，还是老师的想法比较多？

S3：人工智能课程是有官方教材的，课程是安排好的，老师经过事先培训就可以上课。

Q20：那你觉得人工智能的价值体现在哪里？

S3：人工智能现在是一个很热门的学科。现在处于第三次爆发期，依托5G技术，网络方面有很好的提高，所以之后人工智能肯定是个大趋势，这方面的就业岗位肯定有很多，所以其实没有任何必要去谈论人工智能这个专业本身的价值，因为现实已经证明了它的价值。

Q21：具体来说，有哪些价值呢？

S3：减少劳动力，人工智能能替代人工，做很多重复性的工作。而且它能大大降低成本，因为劳动力再廉价，也不可能比过机器。

Q22：所以你觉得人工智能主要可以帮人类减负。

S3：对，理论上来说是给人类减负，但事实上从某种层面来看也是在给人类增负。因为它会取代人工，减少就业岗位，所以要从两方面看待这个问题。

Q23：那你们了解这个领域的一些研究热点吗？

S3：比如说AI，其实我们现在的AI技术还是属于最低级的，离人类所设想的AI统治世界还很远，因为现在的AI还没有达到能够自我学习的地步，所以还是受人类控制，为人类所用的。

Q24：你觉得人工智能是利大些，还是弊大些？

S3：我觉得人工智能还是利大于弊的。其实现在从事人工智能研究的公司，主要是AI和大数据两个方向。目前盈利的其实是大数据这一方向，比如字节跳动，也就是抖音那一系列产品，靠大数据获得很大的盈利。但其实搞AI的公司现在绝大部分都在亏损，因为现在AI还处在一个摸索阶段，目前产生的实际利益还是少于它的成本消耗的，但并不能因为这样，就停止对它的研究，因为它的前景还是很光明的。其实现在能靠AI盈利的公司都是在搞教育的，这也是很现实的。商人们绝对不可能做亏本生意，他们知道AI会是一个大蛋糕，所以从现实来看，AI之后肯定是一个很有用的技术。

（三）创新拔尖类校本课程学生访谈实录

创新拔尖类校本课程旨在进一步实现对未来科学家基本素养的培养，深化科学研究的基本范式与基本方法，瞄准全国青少年学科奥林匹克竞赛，为拔尖学生进入"强基计划"做好准备。学校提供了多种创新拔尖类校本课程，包括数学竞赛、物理竞赛、信息竞赛等。

创新拔尖类校本课程从数学、物理奥赛各选取了一名学生作为研究对象。以下是这两名学生的访谈实录。

访谈案例一

访谈地点：江苏省太仓高级中学

访谈时间：2021年4月28日

课程名称：数学奥赛

Q1：你参加数学竞赛课有多久了？

J1：我刚开始参加的是棋社，这学期刚转到奥数班。

Q2：为什么会选择转到奥数班呢？

J1：我们老师希望我们都能参加奥数班，并从中得到一些提高。

Q3：你们班是不是学校里成绩比较好的班级？

J1：对，我们班的同学都是选拔出来的，大家的学习成绩都还不错，我的同学都挺优秀的。

Q4：你对奥数是很有兴趣吗？

J1：我数学应该不算差。所以我认为上奥数课对我来说应该会很有意思，毕竟我们老师以前也教过我，而我也很喜欢他。

Q5：你喜欢他的原因是什么？

J1：我觉得他上课很幽默，讲课很生动。比如一些数学图形，要发掘它的美感，调动学生的兴趣是有一些难度的，但他就讲得特别有意思，所以我很愿意听他讲课。

Q6：你觉得老师跟你之间是一个怎样的关系？

J1：我们还是挺熟的，算是亦师亦友的关系。

Q7：你觉得奥数课和普通数学课相比，内容上有什么不同？

J1：平时的课还是以课本为主。其实这门课目前的难度也不是很大，因为我们一个教室里的学生也不少，老师希望大家都能听懂，授课内容主要是对基础课程的提升。所以这门课也是非常需要基础知识的，它并没有很多特别新的、特别高级的知识，主要还是巩固和提高吧。

Q8：你们上课的资料是教师提供还是有专门的教材呢？

J1：主要是老师自己整理的教案之类的。老师会在课上发给我们，等我们做完之后他再集中讲评。

Q9：那他会让你们自己去找一些资料或习题吗？

J1：老师对我们没有很多课外的要求，主要还是以他提供的资料为主。

Q10：那平时的课堂上，你会主动提出一些问题吗？

J1：老师经常鼓励我们主动提问和表达想法，调动大家的积极性。所以如果我在课上有新的思路或想法，还是会主动站起来表达自己的想法，和大家一起交流的。

Q11：当你们对老师提出一些问题或者质疑的时候，他一般会怎么回应呢？

J1：他一般还是很开心的，会耐心地解答我们的疑惑，直到我们弄明白为止。

Q12：你们这节课小组学习的机会多吗？

J1：挺多的，我们没有固定的小组，更多的是以交流和讨论为主。我们会互相交流自己的想法。

Q13：你是属于倾听别人比较多的，还是发表意见比较多的？

J1：我觉得都有吧，有想法就会主动表达，也会听听别人的想法。

Q14：你会在课后和同学交流奥数问题吗？

J1：一般我上完奥数课后，不会再去想这些问题，但如果有人来交流，我也会一起研究。

Q15：你一般能很快地吸收奥数课的内容吗？

J1：我们老师很认真，会讲到我们听懂为止吧，所以说我会尽量在课上把所有的问题都弄懂。奥数的知识主要还是课上学，课后会集中于其他方面。

Q16：你做奥数题的时候更喜欢自己独立思考，还是喜欢跟别人沟通交流呢？可以详细谈一谈你做题的过程吗？

J1：应该两种情况都有。我们解题的节奏不快，老师一般会先给时间大家慢慢想，等我们都思考得差不多了再开始集中讲。也有的时候会直接在黑板上出几个思考题，让我们先自己想一想，然后再交流讨论，最后再汇总大家的方法。

Q17：奥数课的上课模式跟你们平时上的课差别大吗？

J1：我感觉差不多，他都会在课上给充足的时间让我们自己思考，也会给我们发表意见的机会。

Q18：你觉得奥数课对你的传统数学课有帮助吗？

J1：会有帮助，一方面是对我之前所学数学知识的再次巩固和强化吧；另一方面，也是在现在基础上往前更进一步，涉及一些竞赛的比较难的内容，可能跟现在学的知识关系不是很大，但是对于我的数学思维的帮助还是挺大的，我会更加愿意去思考问题了。

Q19：你刚刚也说奥数课会有一点难度，当你遇到一些难题，一下子想不出来的时候，你会着急吗？

J1：我不着急，我们老师也不着急，我觉得有些题目不会做是正常的，所以我的心态还是很好的。

Q20：你现在已经接触奥数有一段时间了，你觉得自己会继续坚持学奥数吗？

J1：嗯，我想可能下学期我还是会继续报奥数课，跟着我们的老师一起学习。

Q21：你会有参加奥数竞赛的想法吗？

J1：这个还是看自己的本事了，如果有能力会愿意去试一试，但我其实并没有把这门奥数课看得很功利，更主要的还是兴趣吧，它也是对我知识和能力的一个提升。

Q22：你觉得奥数跟其他理科科目之间有联系吗？

J1：数学是一门基础学科，如果我们数学知识学得比较扎实，学习其他科目也会更容易些，比如说物理就会有很多数学的知识，我觉得知识是相通的。

Q23：除了知识相通外，你觉得学习这些科目的方法之间有联系吗？

J1：我没那么明确。我觉得数学的一些逻辑思维、推理能力，其他科目其实也都会用到，思维上是贯通的。但我认为各个学科还是有自己的独立性的，不可能说物理题完全用数学的方法来做，数学题全用物理方法，这个也是不实际的。有联系也有区别吧。

Q24：你会经常质疑课本上的知识吗？或者说你觉得数学定律和原理是固定不变的吗？

J1：我觉得目前来说这些知识都是有科学性的，所以我还是会相信它的正确性。但是也不能说它就是永远不变的，可能有一天会有新的定律更新。

Q25：你们课后会有作业吗？你平时会自己去找一些题目做吗？

J1：不强制要求。我目前还是以自己的兴趣为主，我平时的课程应付起来都挺吃力的，所以说我还是希望把课上的都弄懂了就好，用这两节课集中去想这些东西。

Q26：你做奥数题的时候，思路一般是发散的，还是会针对一种方法想到底？

J1：这个可能要看我个人状态吧。有的时候，觉得题目的运算量不是很大，我可能就会往多个方面去想想；如果有些题目，一眼看上去比较复杂，不知道该怎么做的话，那我可能想到一个方法就去试试。

Q27：你自己平时会编一些题来做吗？

J1：没有编完全新的题目的经历，但是有时候会想一想如果这个题目换个条件或多走一步,该怎么解决。

Q28:你觉得这些技术对教学的作用是什么?或者说技术和数学的关系是怎样的?

J1:数学是核心,肯定会推动技术的发展。生活中很多地方都会应用数学,包括计算机产业在内的好多产业都需要数学的算法。

Q29:这个奥数课,你最大的收获是什么?

J1:除了巩固知识之外,首先它也能拉近师生关系。其次是能接触一些新的技术。比如说有的人上课喜欢用几何画板,这都是些挺有意思的玩意。最重要的是锻炼了我的思维吧,在遇到一些问题时,会更加全面和缜密地思考。

访谈案例二

访谈地点:江苏省太仓高级中学

访谈时间:2021年4月28日

课程名称:物理奥赛

Q1:你们物理奥赛课有多少学生?

J2:在我高一下学期时有30人左右,高二上学期的时候就只有13人左右了,大部分因为升到高三了,还有极少部分因坚持不下去中途放弃了。

Q2:你是什么时候开始上这门课的?是什么契机让你参加了这门课程?

J2:高一下学期开始的。老师在班里询问物理奥赛有没有想报名参加的人,我觉得自己还可以,同时也想有所提升就报名参加了。

Q3:你们一般是什么时候上这门课程?大概会花多长时间学习这门课程?

J2:我们一般寒暑假会上一个星期,平时上学的时候,高一下学期是每周日上午8:30—11:30和下午1:30—4:30。升入高二后,时间就减少了。

Q4:你们的课程内容一般会涉及哪些方面的(前沿知识)?

J2:会涉及很多高考不做硬性要求的知识,比平时物理课程的难度高很多。学校专门请了一位南师大附中的老师来给我们授课,用的教材是《荣誉物理》。通过学习,我接触到了微积分,见识到了更为复杂的物理模型,领悟到了更多巧妙的物理思想。

Q5：你对这门课有什么期许和建议？

J2：希望课程进度可以慢一些，把基础夯实了，难度再慢慢提升。

Q6：你在上这门课的时候，感觉和老师的关系是怎样的呢？

J2：平等的伙伴关系，老师很亲和。平常下课老师也会和我们交流，了解我们的学习难点。

Q7：老师上这门课的风格和平时有什么不同？

J2：老师会预留比较多的时间给我们自己独立思考和小组间进行讨论交流。

Q8：你每周都会去上这门课吗？是什么吸引你每周都去呢？

J2：我每周都会坚持去，因为我本身对物理还是比较感兴趣的，而且每次去都能学到新的知识和方法，每次都会有新的收获，感觉自己有所提升和进步。

Q9：当你遇到与物理相关的问题时，你会以什么心态去解决它？

J2：我会积极地面对它，因为有问题，肯定就有对应的答案。

Q10：在参加这门课程的过程中，有哪些时刻你受到了鼓舞？

J2：之前参加江苏省物理奥赛获得了三等奖，感觉还是受到了一点鼓舞的。我再努力一些，争取今年参赛可以收获二等奖。

Q11：在交流讨论的过程当中，你的观点与他人的观点不一样时，你一般会怎么做？

J2：我们会互相交流讨论，我再按照他人的观点去思索，找寻他的逻辑漏洞，根据他人的建议再思索自己的观点是否有偏颇或不科学之处。

Q12：对待新物理理论，你会全盘地接受它吗？

J2：我接受的前提是有理可依。

Q13：当你遇到不懂或难以理解的内容，你会向老师提出疑问吗？

J2：会，当我自己独立思考不出来，与同伴交流讨论也不能很好地理解的时候，我会主动询问老师。

Q14：你是否愿意接受难题的挑战？

J2：我很愿意，因为做简单的题目难免单调乏味，而难题挑战成功会很有成就感。

Q15：你认为任何知识都不是孤立和分散的，各学科知识之间都有一定联系吗？

J2：是有一定联系的。比如，做物理奥赛题会用到数学微积分，做生物题会用到化学知识。

Q16：在理科的学习中，你觉得各科的知识和方法可以相互迁移吗？

J2：可以。我觉得数学微积分的计算方法就可以迁移运用到了物理中。因为我化学很好，所以我感觉学习生物也很得心应手。

Q17：你认为你所学的已被证实的物理知识或规律可能会被推翻吗？

J2：会的，因为事物总是在发展的。一般物理知识都有一定的知识背景，而物理规律都有其自身的适用条件。

Q18：对于新知识，你用什么方法和技巧帮助自己更好地理解和掌握？

J2：认真听专业老师讲解，及时记录，做好笔记，并时时温习，多加应用。

Q19：你选择这门课程对自己以后的发展有帮助吗？

J2：有的。短期来看，肯定对高考是大有裨益的；长期来看，也能为将来的专业学习打好基础，大学选择专业的时候我会优先考虑理工科。

Q20：当老师布置学习任务时，你是否能根据其目的，系统地梳理和分析相关信息，并做出一定的推理，形成有效的解决方案？

J2：我一般会抓住几个大的关键点，然后在大的关键点下再进行细分，这样可以快速有效地梳理好信息，进而进行分析推理。思考解决方案的时候一些关键的问题就不会被轻视，小的细节也不会被忽视。

Q21：当你遇到问题时，你会从多个角度寻求解决问题的途径吗？

J2：我会，如果一开始用的方法较为烦琐，会去寻求其他最优解。

Q22：你会质疑书本上的推导证明的过程吗？

J2：会的，我会将自己的推导证明过程给老师看一下，分析是我自己的问题还是书本存在问题。

Q23：物理奥赛的题目通常都具有一定的难度和高度，当你短时间内达不到这样的高度时你会坚持下去吗？

J2：我会先放一放，过一段时间再去尝试。

Q24：你不能在短时间内解决难度较高的问题时，是否会心情沮丧？你会如何进行自我调节呢？

J2：会受到一些影响，我会去做一些自己擅长领域的事情，增加自己的自信心。

Q25：在学习过程中，有认识到科学、技术、社会、环境间存在相互联系吗？比如说是否想过如果不充分利用你演算过的草纸，可能会造成一定的资源浪费？

J2：有认识到科学、技术、社会、环境间存在相互联系，我将来想选择理工科专业就是觉得我能有机会更好地理解科学，掌握一些技术；若是可以，希望所习得的科学技术能对社会有一定的帮助。同时，我也想到资源的可持续发展，我的草稿纸都会划分为一块一块的区域，每一块区域都会充分利用，减少资源浪费。

Q26：在日常生活中，你会发现容易被人忽视的问题吗？

J2：我曾思考过天空为什么是蓝的，到了早晨和傍晚的时候，太阳附近的天空又被染上了颜色。后来通过资料搜索，知道是大气对太阳光的散射作用。

Q27：在复杂的情境中，你能够抽丝剥茧明确问题所在吗？

J2：熟悉的情境相对可以，若是陌生的复杂情境会有一些困难。比如，遇到复杂的物理情境奥赛题，可能题目做完了，却发现有的条件、物理量没有用到。

Q28：新知识与自己已有的旧知识产生冲突时，你会怎么做？

J2：我会去找老师，将旧知识给老师讲一讲，和老师就其讲授的新知识进行辩论，经过这样的辩论交流，我会更深刻地理解这两者之间的冲突。

Q29：你是否能发现物理奥赛题中涉及的新知识、新方法、新理念，并想自己尝试编制物理奥赛题呢？

J2：我能发现这些新知识，我会将这些新知识、新方法、新理念记下来，也会思考如果我是命题老师，对于这些新的知识会怎样命题。

三、学生访谈分析与结论

依据未来科学家素养结构对本章第 2 节学生访谈实录进行分析，结论如表 4-5 所示。

表 4-5　学生访谈回答整理表

未来科学家素养		学生回答要点
科学的个性特征	开放性	1. 辩证地接受小组同学的不同观点和看法 2. 不会全盘接受新事物
	自信心	1. 小组讨论中观点被采纳会受鼓舞 2. 遇到挫折会采取方法并调整心态，以积极、乐观的心态面对
	自主性	1. 会自主在小组合作中承担责任，合理分工 2. 遇到不理解的内容时，会善于利用身边资源
	好奇心	1. 会因自己的兴趣爱好选择课程并继续探索 2. 会对课堂中的新鲜事物和技术充满好奇
	冒险性	面对挑战，会对自己进行评估再去尝试
科学的知识与观念	整体性	具有知识都不是孤立和分散的意识
	渗透性	学习过程中感受到各学科知识之间都有一定联系，一些科学方法可以相互迁移
	动态性	认为已被证实的知识或规律可能会被推翻
科学的思维与方法	聚合性	小组交流讨论，信息整合后，对于问题的认识更加全面
	发散性	遇到问题时，会从多个角度寻求解决问题的途径
	迁移性	发现学习所获得的知识和方法在生活中的应用与体现
科学精神与社会责任感	科学态度	会质疑书本上的知识和学校讲义题目的情境真实性
	科学精神	会有选择地在任务中坚持
	社会责任	1. 理解科学、技术、社会、环境间存在相互联系 2. 会废物利用，充分使用草稿纸
创新实践能力	发现问题的能力	在日常生活中，会发现容易被人忽视的问题
	明确问题的能力	在一般复杂的情境中，能够抽丝剥茧明确问题所在
	解决问题的能力	会通过查阅资料、咨询老师、和同学交流来解决问题

表 4-5 总结概括了三类课程 8 名学生的访谈回答要点。在梳理汇总学生回答要点过程中，我们欣喜地发现对学生的未来科学家素养的培养不局限于哪一类课程，亦不局限于课程的时空，而是润物细无声、潜移

默化渗透进学生的成长过程中。

科学家在探索和创造的过程中,第一个层次要解决的是"愿不愿"的问题,这主要是由他们的个性特征决定的;第二个层次要解决的是"能不能"的问题,影响因素有他们的知识、观念、思维、方法、精神;第三个层次要解决的是"做不做"问题。这三个层次协同交互作用,互相促进,决定了科学家创新水平。这三个层次构成的内容,就是未来科学家需要的素养。

(一)科学的个性特征

在访谈过程中,我们发现学生对新事物的好奇心不只停留在表面,而是想要更深入地了解事物的内涵、原理及本质,并付诸一定实践。如S2学生的回答:

Q18:你只会停留在有想法、感兴趣的阶段吗?如果让你为这些有意思的想法进行尝试或者冒险,并付出一定的时间和精力,你愿意吗?

S2:不会只停留在感兴趣的阶段,我会愿意为这些想法付诸实践,但如果经历一段时间后并没有进展的话,我可能就会先放置在一边了。

在科学探索活动中,学生能够坚持自己的想法,能够与其他人很好地合作、沟通、交流,有团队合作精神。综上所述,学校开展的三类课程,通过基于科学史真实探究教学的实践、围绕某一主题的科学探究活动、成立丰富多彩的科学兴趣小组,激发学生的好奇心、想象力与求知欲。而且这些课程都是围绕某一主题让学生进行自主探索,在探索过程中,学生经历猜想假设、设计方案、实施方案、合作与交流等环节,不断接纳新事物、拓宽视野,并形成一定的抗挫折能力和正确的科学观。在一定程度上,解决了第一个层次"愿不愿"的问题,提升了学生的未来科学家素养。

(二)科学的知识与观念

通过访谈发现,学生能够结合自身所学知识解释更多的自然现象,甚至是跨领域的自然现象。如S3学生的回答:

Q13:你觉得这门课(人工智能社团的课程)与其他学科之间有什么联系?

S3:这门课与信息技术课有联系。构造课程要求做出来的产品需要一点物理知识。虽然我们还没有达到很高的水平,但我发现各个学科之间是有融合的。我们现在学的东西看上去很高深,其实很简单。由于接触到的东西还只是皮毛,所以即使有一些相交叉的东西,学得也不深。涉及的一些跨学科的难题,依据现有所学或略做能力提升和知识拓展,就都能被解决的。

值得一提的是,当学生遇到基于现有知识不能解决的问题或是不能解释的现象时,会暂时放置一边,等到知识储备到一定阶段再去解决或解释。由此可见,学生不仅认识到科学知识是不断发展和变化的,而且很明确自己对于科学知识的认识亦会随着自身不断深入学习而提升。因此,学生总是保持着对科学知识的渴求,以良好的科学观念看待事物。一定程度上学生具备整体性、渗透性、动态性等特点的科学家的知识和观念。

无论是国家科学类课程、延伸拓展类课程,还是创新拔尖类课程,课程所涉及的科学知识囊括对自然和物质世界的基本认识,注重事实性知识、理论性知识和技能性知识的传授与教学。在未来科学家素养课程中,学生学习各类科学知识,丰富自身知识储备,发现知识间的联系,构建科学的知识体系,并随着知识的发展变化更新知识体系,形成自己的科学观念。

(三)科学的思维与方法

根据学生的访谈回答,不难发现学生具有内在的思维逻辑和回答技巧。

Q23:除了知识的相通,你觉得学习这些科目的方法之间有联系吗?

J1:我没那么明确。我觉得数学的一些逻辑思维、推理能力,其他科目其实也都会用到,思维上是贯通的;但我认为各个学科还是有自己一定的独立性的,不可能说物理题完全用数学的方法来做,数学题全用物理方法,这个也是不实际的。有联系也有区别吧。

J1学生的回答体现了该学生具有严谨的逻辑思维,认识到学科的独立性和相关性,能辩证地看待学科关系。回答的技巧是先给出总的观点,再结合具体事例进行阐述,有理有据。其他7位同学的回答逻辑亦是清晰且严谨,可见未来科学家素养课程对学生的科学思维与方法的渗透。这也在一定程度上体现了学生的思维和方法具有聚合性、发散性、迁移性等特点。

学校通过让学生完成课题探究或项目研究,激发了他们的学习热情,促使他们习得科学思维与方法。设计课题探究或项目研究方案,使学生能自主进行课题探究或项目研究。学校亦通过邀请大学教授来校开设奥赛课程与前沿讲座，展示科学知识与理论的逻辑，分析科学前沿观点的未完成性，提升了学生的科学思维，使学生掌握更多的科学方法。

（四）科学精神与社会责任感

访谈中，当问到有关知识是否一成不变时，学生都持否定意见。由此可以看出，学生对于科学本质的理解有了一定的高度，认为科学是发展的，会随着对现有观察的重新解释与新的观察事实出现而改变。如X1学生的回答：

Q18：你认为所学的已被证实的科学知识可能会被推翻吗？

X1：可能会，在我看来很多被证实的科学知识可能会在不久的将来或千百年后被人推翻。因为知识并不是一成不变的，它也在不断完善和发展。

同时学生也意识到科学并不是孤立的，与技术、社会、环境存在联系。在过去几十年内，科学技术飞速发展，社会不断进步，但环境却遭到严重的破坏。因此我们必须找到与环境和谐共处的途径发展科学技术，进而推动社会的进步。

综上所述，学生通过三类课程的学习，了解科学发展的历程，体会其中蕴含着的极为丰富的科学思维和科学方法，以及科学家面对真理实事求是的科学态度和不畏困难挫折的科学精神；还了解了科学前沿，知道科学、技术和工程等在当今社会所面临的重大挑战，承担起找到与环境和谐共处的可持续发展道路的使命。

从科学的知识与观念、科学的思维与方法，以及科学精神与社会责任感三个维度对访谈进行分析，可以知道开展实施的三类课程，在一定程度上，解决了第二个层次"能不能"的问题，提升了学生的未来科学家素养。

（五）创新实践能力

未来科学家素养课程设置了很多实践活动，为学生创造了很多动手的机会。以下是学生对于动手实验收获的回答：

Q40：你从动手实验中有何收获？

X2：书上写的或者老师讲的，都是比较理论的。亲手去操作的话，其实可能会有很多失误，做实验的过程中还是有很多的问题。如果亲手去做的话，你就会真正体会到做实验的感觉。比如说，刚刚提到的大象牙膏实验，看着挺容易的，做起来其实还是有很多细节要处理。

Q41：这次实验的失败会对你下一次的实验有帮助吗？

X2：下次实验时，我做每一步就会思考更多，怎么加、怎么调配、如何把每一步都做好，会多留心一些步骤。比如，原来可能就是停留在字面上的"少量""适量""过量"，说说很容易，但是动手做的话，就需要将这些词汇转变为实际操作中的试剂用量，还是要有所思考才行。

诚然，读万卷书不如行万里路，学生通过实践发现问题，明确问题的关键，经历思索的过程，从而解决问题。

除了实验的实践外，老师也会布置实践项目，项目的问题情境会更贴合生活，当然也就更复杂一些。但是通过课程的培养，学生在面临复杂问题情境时，依然能够抽丝剥茧明确问题所在，然后小组分工围绕目标收集资料，并通过小组交流讨论，确定解决方案并实践。在实践探索中，不仅需要科学的知识、技能和社会责任感来识别问题，还需要运用科学的思维和方法分析问题、明确问题和解决问题，更需要科学精神和科学的创新实践能力支持整个实践过程。因此这个过程培养了学生发现问题的能力、明确问题的能力、解决问题的能力。在一定程度上，解决了第三个层次"做不做"的问题，提升了学生的未来科学家素养。

第5章 教师对未来科学家素养课程的评价

第1节 教师专业发展目标

现代资源观认为,人力资源是第一资源。对于学校来说,教师资源是众多学校教育资源中的第一资源。教师专业素质的高低,直接影响教育教学质量,进而影响学生的质量。没有高素质的教师,就不可能培养出高素质的学生。教师的发展决定了教育能够达到的高度,而教师发展的关键与核心是其专业发展。教师要实现专业发展,首先需要解决"教师专业发展是什么"这一问题。

虽然学术界对于教师专业发展研究已经较为成熟,且取得了众多大家普遍认同的研究成果,但对于教师专业发展的概念界定,不同的研究者提出了不同的看法,目前尚无统一的定论,仁者见仁,智者见智。

霍伊尔认为,"教师专业发展是指教师在职业生涯的每一阶段掌握良好专业实践所必须具备的知识与技能的过程"[1]。

富兰和哈格里夫斯认为,"当使用'教师专业发展'这一概念时,既指通过在职教师教育或教师培训而获得的特定方面的发展,又指教师在目标意识、教学技能和与同事合作能力等方面的全面的进步"[2]。

佩里认为,"就其中性意义来说,教师专业发展是教师个人在专业上的成长,具体包括信心增强,技能提高,对所教学科知识的不断更新、拓宽与深化,以及对自己课堂行为意图的强化。就其最积极意义来说,教师专业发展包含着更多的内容,它意味着教师已经成长为一个超出技能的范围而具有艺术化的表现,把工作提升为专业,把专业智能转化为权威的人"[3]。

---

[1] HOYLE E. Professionally, professionalism and control in teaching [J]. London Education Review. 1974 (2): 13-19.

[2] FULLAN M G, HARGREAVES A. Teacher development and educational change [J]. British Journal of Educational Studies, 1993, 41 (1).

[3] PERRY P. Professional development: the inspectorate in England and wales [M] // HOYLE E, MEGARRY J. World yearbook of education 1980: professional development of teachers. London: Kogan Page, 1980: 143.

戴将众多研究者的观点综合，认为教师专业发展既包括所有自然的学习经验，又包括有意识组织的各类活动。这些经验与活动直接或间接地让教师个体、教师团体或学校受益，进而促进课堂教学质量的提高。教师专业发展是一个过程，在这一过程中，教师自己独自或者与他人一起不断学习，让专业思想、知识、技能、情感智能获得良好发展，并具有批判性。[1]

叶澜等人认为，"教师专业发展即教师的专业成长，是教师内在的专业结构不断更新、演化和丰富的过程"[2]。

综合国内外研究者对教师专业发展的理解，不难发现教师专业发展是一个以教师个体在专业领域内实现自我发展为核心，以教师个人的经验反思为媒介，不断习得教育专业知识与专业技能，实施专业自主，表现专业道德，并逐步提高自身从教素质，成为一个良好的教育专业工作者的专业成长过程。[3]

教师专业发展过程实质上是教师专业结构不断发展完善的过程。了解教师专业结构，是研究教师专业发展的基础。目前，对于教师专业结构的认识很多，存在多种关于教师专业结构的分类方法，但主要集中在教师的专业知识、专业能力和专业精神三个方面。因此，教师专业发展包括教师专业知识、专业能力和专业精神的发展，具体内容如图5-1所示。

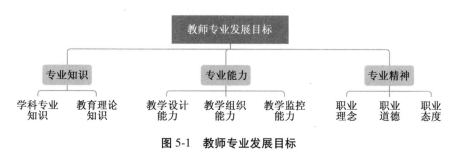

图5-1 教师专业发展目标

---

[1] Day C. Development teacher: the challenge of life long learning [M]. London: Falmer Press. 1999: 9.

[2] 叶澜, 白益民, 王枏, 等. 教师角色与教师专业发展新探 [M]. 北京: 教育科学出版社, 2001: 226.

[3] 王卫东. 教师专业发展探新：若干理念的阐释与辨析 [M]. 广州: 暨南大学出版社, 2007.

一、专业知识

研究者们对教师专业知识的研究相当丰富，已经基本达成共识，即教师必须具备学科专业知识和教育理论知识等。[1] 以下是目前几种具有代表性的教师专业知识分类（表5-1）。

表5-1 具有代表性的教师专业知识分类[2]

研究者	教师专业知识分类
舒尔曼	① 教材内容知识；② 学科教学法知识；③ 课程知识；④ 一般教学法知识；⑤ 有关学习者的知识；⑥ 情境知识；⑦ 其他课程的知识
伯利纳	① 学科内容知识；② 学科教学法知识；③ 一般教学法知识
格罗斯曼	① 学科内容知识；② 学习者和学习的知识；③ 一般教学法知识；④ 情境知识；⑤ 自我的知识
博科和帕特南	① 一般教学法知识；② 教材内容知识；③ 学科教学法知识
考尔德黑德	① 学科知识；② 机智性知识；③ 个人实践知识；④ 个案知识；⑤ 理论性知识；⑥ 隐喻和映象

学科专业知识是指教师必须具备与自己所教学科相对应的专业理论知识。教师的教学工作最终结果落实于所教学科之中，教师只有掌握了完整、扎实、系统的学科专业知识，才能游刃有余地进行教学。学科专业知识是决定教师能教会学生学习的关键基础。

教育理论知识主要由一般教育学知识和学科教学知识构成。一般教育学知识包括教育基本理论、教育心理学、教学论、教育史等知识。学科教学知识是指教师需要具备将所教学科的系统知识传授给学生的教学方法性知识。

总的来说，教师的专业知识是多样的，也是复杂的，各种知识都同等重要，不能片面地强调一个方面，而忽视另一个方面。

二、专业能力

教师专业能力是指教师在从事教育教学活动中，使教学任务得以顺

---

[1] 饶从满，杨秀玉，邓涛. 教师专业发展 [M]. 长春：东北师范大学出版社，2005：47-49.

[2] 叶澜. 教师角色与教师专业发展 [M]. 北京：教育科学出版社，2001：236.

利完成的个性心理特征。国内外众多研究表明，教师专业能力与教师工作效果有较高的正相关。[1] 教师的专业能力内容丰富，具体包括教学设计能力、教学组织能力和教学监控能力。

1. 教学设计能力

教学设计能力包括了解学生、处理教材和课程定位等多个方面的能力。了解学生的能力是指教师对学生的个性特征、学习能力、心理素质及身体状况等方面情况的具体把握能力，是从事教育工作的首要保障。处理教材的能力是指教师在理解和分析教材的基础上，依据学生的知识水平、心理特点，从实际需求出发，对教学内容进行选择和操作的能力，决定了教学成效的好坏。课程定位能力是指教师对任教课程在培养方案中的地位的认识和理解的能力。

2. 教学组织能力

教学组织能力是指教师为达到教学目标，取得教学成效，在教学过程中表现出来的一种操作能力。[2] 它包括教学内容组织能力和教学活动组织能力。对于教师来说，上好每一堂课的前提是组织恰当的教学内容。教学内容的具体组织，就是要从大量的教学法中选择对于教学内容和学生最适宜的教学方法，以及准备教学活动所需的材料，如教学所需使用的技术。对于具体的课堂教学来说，教学活动组织主要就是教学活动的设计和操作。教学活动设计是指根据教学内容和学生的心理特点，设计具体的课堂教学活动。教学活动操作是指根据教学内容和教学活动设计形成教案，在实际的教学过程中，具体地组织学生开展学习活动。

3. 教学监控能力

教学监控能力是指教师为了保证教学达到预期的目的而在教学的全过程中，将教学活动本身作为意识对象，不断地对其进行积极主动的计划、检查、评价、反馈、控制和调节的能力。[3] 教学活动总是处于暂时性的"情景"之中，充满了生成性和不确定性，无法按照教案进行"按图索骥"。它必须是一个有序的活动。为了保证教学活动的有序性，教师必须对这种活动实施控制。教学监控能力是教师教学能力的关键。

---

[1] 范诗武. 新世纪教师专业能力与教育行动研究 [J]. 外国教育研究，2003（5）：28-31.

[2] 蒯超英. 论教师的教学组织能力 [J]. 现代中小学教育，1996（3）：30-32.

[3] 陈琦，刘儒德. 教育心理学 [M]. 2版. 北京：高等教育出版社，2011：527.

三、专业精神

教师的专业精神主要包括职业理念、职业道德和职业态度。

1. 职业理念

教师的职业理念是教师对教育的理解，不仅能提供行动的方向，还能指导教育行为，影响着教师对于教师职业的认识与理解，直接影响着教师的教学判断、选择和决策，统领着教师专业发展结构中的其他方面。教师的职业理念包括教师的教育观、课程观、教师观和学生观等宏观层面，也包括有关学习者和学习的信念、教学的信念等微观层面。

2. 职业道德

教师的职业道德是指教师为更好地履行教师职业的职责，满足社会对教育的需求，维护其专业地位和声誉而制定的自我约束的行为规范。它包括教师个体在教育教学过程中的道德品质，在与他人特别是与学生交往过程中的道德品质及教师对待自己的道德品质。

3. 职业态度

教师的职业态度是指教师对自己所从事的教师职业持有的看法和行为倾向。换言之，就是指教育劳动态度或教师劳动态度。教师劳动态度是在教育劳动中逐渐形成的，一旦形成，又必然反作用于教育劳动。教师正确的职业态度主要表现在爱岗敬业，具体来说，在状态上可以分为乐业、敬业、勤业和精业等不同的状态。乐业的教师对教育工作、对学生由衷地喜爱，不计较待遇多少、地位高低，工作再苦再累也是享受，他们为学生的每一点进步而高兴。敬业的教师以认真、一丝不苟、作风严谨作为自己的工作准则。勤业的教师总是脚踏实地、勤勤恳恳、埋头苦干，尽职尽责地做好本职工作。精业的教师拥有扎实的教学基本功，不断钻研，具有创新精神和创造能力。

第2节 教师专业发展成效分析

一、教师访谈提纲设计

教师作为未来科学家素养课程的开发者和建设者,是否普遍认同和理解未来科学家培养理念,是否具有扎实的学科专业知识和科研能力,这在很大程度上决定了未来科学家素养课程建设的成效;反过来说,未来科学家素养课程建设的经验积累也会一定程度上促进教师的专业发展。

为了深入了解未来科学家素养课程建设对教师专业发展的作用,我们采用访谈法,希望通过与参加课程建设的教师交谈,获得被访者内心深处的想法、体验与态度,了解被访者的所思所想[1]。在正式访谈前,根据第1节确定的"教师专业发展目标",从专业知识、专业能力和专业精神三个维度编制教师访谈提纲。经过反复修改,并在专家的指导下,最终确定了访谈提纲的具体内容,如表5-2所示。

表5-2 教师访谈提纲

教师专业发展目标		访谈提纲
专业知识	学科专业知识	您认为上好这门课,需要具备哪些专业知识?为此您做了哪些准备?
	教育理论知识	除了必备的学科知识外,您认为上好这门课需要了解教育理论知识吗?
专业能力	教学设计能力	这门课的教学目标是什么呢?为什么?
	教学组织能力	您会在教学中创设哪些教学活动?设置这些活动的意图是什么?
	教学监控能力	您会从哪些方面来评价学生?您会用怎样的方式来实现这些方面的评价呢?

---

[1] 陈向明. 质的研究方法与社会科学研究[M]. 北京:教育科学出版社,2000:169-170.

续表

教师专业发展目标		访谈提纲
专业精神	教师职业理念	您的教育理念是怎样的？与之前相比有改变吗？
	教师职业道德	您和学生、同事之间的关系是怎样的？
	教师职业态度	您有哪些方面的收获？您认为您还有哪些方面可以做得更好？

为了使访谈能够深入，访谈的问题以开放式的问题为主，使教师能充分表达自己的观点、经验和思想。若教师的回答很笼统或只涉及某些方面时，访谈者会进一步通过问题提示的方式，引导教师说出具体的内容或进行全面的回答，从而深入探析教师的专业发展状况。

二、教师访谈实录

（一）国家科学类校本课程教师访谈实录

国家科学类课程包括数学、物理、化学、生物、地理。太仓高级中学作为"未来科学家培养"试点学校，为使学生基本具备适应 21 世纪未来科学发展而必备的基本科学素养，教师团队积极将国家科学类课程校本化，通过自行研讨与设计，并在课程教学专家的帮助指导下，编制出了具有多样性的可供学生选择的校本课程，包括"数学史与数学文化""TI 图形计算器""GGB 数学建模""几何画板应用""化生活百味，学人生真理""微生物培养及发酵技术的应用"等。

本研究属于定性研究，研究对象的选定需要具有代表性，以便更加全面地了解参与国家科学类课程校本化教师的真实情况，因此最终各选取了数学、化学以及生物 3 个不同学科校本课程的 1 名授课教师作为研究对象，分别是"数学史与数学文化"LQ 老师、"化生活百味，学人生真理"HB 老师和"微生物培养及发酵技术的应用"LYL 老师。以下就是 3 位教师的访谈实录。

访谈案例一

访谈地点：江苏省太仓高级中学

访谈时间：2021.4.28

课程名称：数学史与数学文化

授课教师：LQ 老师

访谈实录：

Q1：您觉得自己参与未来科学家素养课程后，个人的教育理念有没有改变？

LQ 老师：与之前的教育理念相比，我们有了一些改变：不仅仅教授数学知识，更注重数学知识的延伸；不仅仅介绍数学家的故事与其成果，更注重对学生学科素养的培养。

Q2：您和学生之间的关系是怎样的？

LQ 老师：师生关系和谐。

Q3：您希望为学生营造一种怎样的教学氛围呢？

LQ 老师：以学生兴趣为主的，良好、愉悦的教学氛围。可以共同探讨数学知识、数学家的故事及数学的发展史。

Q4：您在进行课程教学时，设置怎样的教学目标？

LQ 老师：课堂以学生为主体，从学生课内知识延伸至课外，涉及学生感兴趣的大学数学知识点。设计一些以学生自主探究为主的教学环节，教师辅助解答。数学史和数学文化是学生高中所学知识的拓展，可以开阔学生的视野。另外，以知识的起源和发展史为出发点，让学生沿着数学家的思路去看待这些优美的公式和定理，弄清知识的来龙去脉。恰逢高考改革，为适应新高考、新课标，需要学生对数学文化有更多的了解，提高学生的数学素养。

Q5：这一课程的教学目标，与传统课程相比，您觉得有区别吗？为什么会有这种改变呢？

LQ 老师：我认为会有区别。这是由于学生的个人素养不同和课程需求不同。

Q6：您会在教学中创设哪些教学活动？设置这些活动的意图是什么？

LQ 老师：课堂形式主要是讲授式、合作探究、研讨式等。教学内容主要是数学史与数学文化的介绍，以及针对这些内容的外延和应用两大方面。其中，数学史与数学文化的介绍主要是教师通过系统的知识讲解，使学生深刻而清晰地掌握知识结构；知识外延和应用，主要以学生的合作探究和研讨为主，以提高学生的学科素养为目的。

Q7：您是否会给学生提供独立学习或小组合作学习的机会？

LQ 老师：会的。学生需要利用课余时间，针对给出的问题进行资料查询并展开独立研究。在课上，学生首先会针对这一问题表达自己的观点和想法，然后会进行小组交流和讨论，从而融会贯通。

Q8：在课堂中，您是否会兼顾学生之间的差异？会为此采取哪些措施呢？

LQ老师：会的。根据学生的水平，选择不同难度的资料进行讲解。

Q9：您是否会在课堂中设置开放性、综合性的高质量问题？

LQ老师：会设置综合性强的高质量问题。比如：用0.618法研究优选碳的加入量实验的问题。

Q10：教学过程中，学生难免会提出一些创新想法，面对这些想法，您会怎样做？

LQ老师：我很支持学生提出一些好的想法。针对学生提出的创新想法，我们会在课堂上进行小组讨论，因为这些内容，我们也要边学习边研究，如果课上不能讨论出结果，会留到课后跟同学们一起查资料，继续研究。

Q11：您在上这类课程前，会做哪些准备呢？

LQ老师：这门课主要是向学生介绍数学史与数学文化，因此我会经常阅读一些相关的书籍，观看相关的视频资料，包括汪晓勤、韩祥临编著的《中学数学中的数学史》、莫里斯·克莱因著的《古今数学思想》、米山国藏著的《数学的精神、思想和方法》等书籍，以及哔哩哔哩视频网站中有关名人的介绍。

Q12：您希望学生通过这门课能收获些什么？

LQ老师：我希望通过这门课能让学生了解一些数学的历史，尤其是一些知识的来龙去脉，让学生知道有些知识虽然现在看来很简单，但它们一般都会经历很长时间的历史演变，数学家们甚至会为它们付出生命的代价，从而培养学生锲而不舍、不畏困难的科学精神，提高学生的科学素养。

Q13：您会从哪些方面来评价学生？用怎样的方式来评价呢？

LQ老师：我主要从学生对上课内容了解的情况、对一些问题的看法及小组合作完成小报的情况这三个方面来评价学生，前两个方面主要以课堂提问的方式，第三个方面主要从合作小报的完整度、艺术性、创造性及小组成员的分工情况等方面来评价学生。

Q14：您觉得这门课达到您的预期了吗？您觉得哪些方面还可做进

一步的完善？

LQ 老师：没有完全达到预期。由于上课内容可操作性不强，所以学生在听课方面并不能做到完全投入，导致所讲内容并不是所有学生都能听进去、都能听明白。我认为所教课程最好能自成一个体系，而不是大家各自找资料，课程内容之间应环环相扣、紧密联系，学生在上课时才能更加投入，这是我们后续需要完成的主要工作。

Q15：在未来科学家素养课程教授完成后，您有哪些方面的收获呢？

LQ 老师：在这门课的备课过程中，我也在不断学习，有很多数学史知识也是在查资料的过程中才了解到的，通过讲授，自己在这方面的知识得到了补充，算是"被迫"学习了一些历史吧，也使自己的知识体系有所完善。

访谈案例二

访谈地点：江苏省太仓高级中学

访谈时间：2021.4.28

课程名称：化生活百味，学人生真理

授课教师：HB 老师

访谈实录：

Q1：您觉得自己参与未来科学家素养课程后，个人的教育理念有没有改变？

HB 老师：教育理念是不变的，变的可能是教学模式或教学方法。

Q2：您理想中的教学氛围是怎样的？

HB 老师：互相尊重，教学相长。

Q3：您如何看待未来科学家素养课程呢？它的教学目标是什么呢？

HB 老师：我觉得未来科学家素养课程并不是真正把学生培养成未来的科学家，而是期望学生能够具备科学家的基本素养，比如，基本的科学知识、科学素养及科学精神等。课程类型不同，面对学生的层次不同，学生的目标也不同。

Q4：您觉得这门课与其他课程相比，有何不同？

HB 老师：在课程设计上，不同的课程需要面对不同的授课对象，具有不同的课程要求。在设计未来科学家素养相关课程内容时，相对而言没那么多束缚，可以尽可能地延伸拓展，在学生可以掌握的基础上补充一些学科之外的内容。在我的化学校本课程中，主要以实验为主，实验主要是注重动手能力及实验设计方面的科学方法与科学精神的培养，提高学生学习化学的兴趣，激发他们科学探索的欲望。而在传统的国家课程中，我可能就以讲授知识为主，虽然也注重理性思维及科学方法的培养，但更多的是基于理论。没办法让每位学生都能实践操作，因为每节课的时间就只有40分钟，而且教学内容也比较多，必须跟上整个备课组的进度。在化学校本课程中就没有那么多顾虑，一次课我就研究一个内容，只有一个班级，没有考试的压力，没有进度要赶，一次课是80分钟，时间充裕。不用考虑教学目标能否完成，可以尽可能地让学生去发挥，以学生为主体，教师来引导。学生或许会在课外关注到某个新鲜事物，回到课堂就会和老师及同学分享；或者给老师提建议，询问自己是否也可以在这门课上做相关的实验等。

Q5：您会在教学中创设哪些教学活动？设置这些活动的意图是什么？

HB老师：化学校本课程主要是以开展实验的形式进行教学的。我们在上开学第一课的时候，就给学生一个交流讨论、自由建立小组的机会，然后让学生写出本学期想做的一些实验，我们会从中选取一些具有可行性的实验在接下来的课堂中实施。有时，我们也会找一些与化学科学相关的视频，播放给学生看。比如有与化学史相关的，旨在培养学生的科学精神，使他们体会科学发展的艰辛，提高他们探究化学的兴趣。

Q6：请具体谈谈您如何选择实验主题？

HB老师：我们做的实验会以化学教材中的知识为基础。有些书本上的实验，因为课内没有时间去做，我们就拿到校本课程中来做，如氯气的性质探究等。也有基于书本的知识点，结合化学与生活，从生活中取材来展开的化学实验。比如，基于氧化还原反应原理，我们设计了维生素C性质的探究这节课，用维生素C片来探究VC的不稳定性、酸性、还原性等。实验开展过程中，根据老师提供的实验条件，学生以小组合作的形式设计实验方案，进行实验探究。为了更好地结合化学与生活，我们还为学生准备了一些富含VC的水果蔬菜，让学生设计实验比较VC含量的多少。

Q7：在课程中，您是否会兼顾学生之间的差异？

HB老师：我们的校本课程有高一也有高二的学生，高二的学生中有文科的学生，所以考虑到要兼顾所有学生，不会让课程难度太大，也不会太简单。课上讲到一些高二学生学过但其他学生没学过的内容时，可以让高二学生进行展示。对于高一学生刚学过的知识，也会让他们带领大家一起复习巩固。每位学生都有展示自我的机会。

Q8：您是否会在课堂中设置开放性、综合性的高质量问题？

HB老师：会的。比如有一次观看化学史的纪录片后，让学生写一篇类似观后感的小论文。

Q9：您是否会鼓励学生质疑教材、试题中的内容？

HB老师：可以质疑，但要说明，考试时还是以教材为准，毕竟教材不会出现本质性的错误。平时探究的时候，可以提出反对意见，但是都要有理有据。

Q10：您是否会鼓励学生表达个人观点，并交流讨论彼此不同的观点？

HB老师：我鼓励每位学生在课堂上主动回答问题。即使不主动，我也会尽可能多地叫学生来回答问题，聆听他们的想法。

Q11：教学过程中，难免会有学生大胆提出一些创新想法，面对这些想法，您会怎样做？

HB老师：有很多学生想做的实验，限于学校试剂、仪器、设备等实验条件，无法开展。当然，有些危险性很高的实验，即使在大学里也未必能够开展起来，所以我们高中课堂要本着安全第一的原则保护好学生。在实施条件允许的情况下，为学生的创新想法提供支持。

Q12：目前，学校教学有哪些先进设备或技术？

HB老师：学校有VR设备、传感器，但我们化学校本课程还没有用过。接下来，我们会在化学校本课程中借助传感器来进行一些实验探究。

Q13：因为这门课程涉及的面比较广，知识点也比较深，您一个人可能会忙不过来，那就可能会涉及教学团队的合作，你们是怎样合作的呢？

HB老师：化学校本课程有两位指导老师，是两位青年教师，每次课前我俩会一起商量下次的实验内容，然后轮流组织教学内容。有什么新的想法会互相交流。本学期我们的实验员休产假，所以每次实验都是我们俩提前准备。以往，实验员会配合我们的校本课程，为学生提供实验所需的用品。

Q14：您希望学生能够通过这门课收获些什么？

HB老师：化学校本课程主要是培养学生学习化学的兴趣，激发他们科学探究的欲望，提高他们科学探究的能力。

Q15：平时上课的时候，您主要从哪些方面来评价学生？用怎样的方式来评价呢？

HB老师：课堂上回答问题的表现，思维的活跃程度（主要指对开放性问题思考的角度），对基础知识的掌握，化学实验操作能力、实验探究能力（实验方案的设计、对实验现象的分析与反思），创新能力（实验的创新与创新实验的设计）。

Q16：您认为开设这门课的意义是什么？您觉得这门课达到您的预期了吗？

HB老师：就学生而言，这类课程的主要目标不是提高分数，而是让学生能够从传统应试教育中走出来，解放天性，自主发展；就学校而言，为学校高品质发展创出特色，为打造未来科学家素养课程基地品牌创造条件；就教师而言，也能够促进自身的专业发展。课程开设并未完全达到预期，后面还有很多工作要做。

Q17：您认为在未来科学家素养课程中培养学生未来科学家素养的重难点是什么？

HB老师：重难点是教师专业发展或者教师跨学科教学、教研能力的提升。教师除了本职教学工作外，还要花很多时间和精力去钻研额外的课程，更何况有的课程对教师来说是零基础起步的，发展的难度会更大。教师需要专业课程或实践的培训来提升自己以更好地培养学生。

Q18：您觉得哪些方面还可做进一步完善？

HB老师：化学实验室的硬件设备，比如通风橱等，可做进一步完善。另外，实验员也要培训，以提升专业技能。我们化学教师也需要一些实验方面的培训，以提高实验技能。

Q19：在教授未来科学家素养课程中，您有哪些方面的收获呢？

HB老师：化学校本课程的内容基本都在教师的掌握范围之内，但要想为学生创造更好的学习氛围，教师自身也要努力提高教学研究能力，也希望学校能多提供这方面的支持。另外，自己在备课的过程中，教学水平是有提升的，自己能明显意识到这一点。

访谈案例三

访谈地点：江苏省太仓高级中学
访谈时间：2021.4.28
课程名称：微生物培养及发酵技术的应用
授课教师：LYL 老师
访谈实录：

Q1：您在设计这门课时，有怎样的教育教学理念呢？

LYL 老师：教育是为了让学生热爱学习，学会学习。

Q2：您和学生之间的关系是怎样的？

LYL 老师：师生平等，生生互助，教师充当一个支持者的角色，学生才是学习的主角。

Q3：您希望为学生营造一种怎样的教学氛围呢？

LYL 老师：教师抛砖引玉，学生在主动探究中发现新问题，并在老师和同学的帮助下，主动地解决问题。每一个学生在小组合作中发挥所长，体验学习的乐趣，找到自身的价值。

Q4：与传统课程相比，您觉得这门课在教学目标上有什么区别？为什么会有这种改变呢？

LYL 老师：传统课程迫于升学压力，还是以知识教授为主，教学方法主要是教师讲授，学生听讲并做笔记，在这样的教学活动中，学生思维上和情感上的参与是很有限的，学习常常浮于表层；而在校本课程教学中，教师常常会设计丰富多彩的实践活动，学生可以全身心地参与，在做中学，在学中思考，不仅能培养学生的动手能力，也可以提高学生解决复杂问题的能力。这种改变来自两种课程的目的性差异。

Q5：您会在教学中创设哪些教学活动？设置这些活动的意图是什么？

LYL 老师：我常常在教学中设置的活动有小组合作、学生演示、小组讨论、学生展示等。这样设计的意图主要是让学生主动参与教学活动，培养合作意识，以及培养学生的逻辑思维和语言表达能力。

Q6：您是否会在课堂中设置开放性、综合性的高质量问题？如何帮助学生解决这类高质量问题？

LYL 老师：会。比如在上"发酵技术应用"这节课时，针对"设计并制作一款适合糖尿病人饮用的酸奶"这个比较复杂的课题，可以先帮助学生将任务分解为几个小任务，然后分小组，让每个小组认领一个小任务，最后在完成任务后集体进行总结并分享心得。

Q7：您是否支持学生提出一些创新想法？是否会针对学生的创新想法提供一些帮助？

LYL老师：会的。在课上我会经常鼓励学生表达自己的观点，当学生对教学内容提出疑问或者提出一些创新想法时，我会引导其他学生针对他所提出的想法进行讨论，共同解决这一问题；如果在课上不能解决，我会提供一些网络资源让学生课后做进一步深入研究，下节课再集中交流想法。

Q8：目前学校实验室的情况是怎样的？

LYL老师：目前实验室中与生物教学相关的仪器设备较完善，能够满足基本的教学需求，课本要求的基本实验都可以正常开展。

Q9：该课程的实验安排是怎样的？实验内容包含哪些？实验过程中，主要关注学生的哪些方面？

LYL老师：受实验课时安排所限，在实验教学中对学生的操作能力和实验结果关注得比较多。如果时间充足的话，也会关注学生的实验设计，以及实验中的过程性问题。

Q10：您在上这类课程前，会做哪些准备呢？

LYL老师：主要通过网络搜集相关资料，并研究大学教材和期刊文献资料等，保证教学内容的科学性。遇到难以处理的问题时，我会向学科组的前辈请教，在课前也会及时与实验员协调好，做好实验准备。

Q11：您希望学生通过这门课收获些什么？

LYL老师：我希望学生通过这门课程掌握生物学实验的基本操作方法，认同生物学对于生活的价值，提高学生对生物学的兴趣。

Q12：您会从哪些方面来评价学生？您会采用怎样的评价方式？

LYL老师：我主要从三个方面评价学生，一是学生在实践活动中的参与度，二是学生在活动过程中能否提出有价值的问题，三是学生与其他学生的合作情况。在评价主体上，除了教师评价外，还可以通过生生互评的方式进行，以作品评价表及学生成果展示的形式进行评价。

Q13：您认为开设这门课的意义是什么？

LYL老师：给学生提供一个学习生物学的第二课堂，在这个第二课堂里，学生可以抛开升学压力和考试压力，出于兴趣和探索的需要，主动地学习生物学。

Q14：您认为在开设这门课的过程中，遇到的重难点是什么？

LYL 老师：重难点是如何将学生的短期兴趣转化成长期的学习热情，这是需要投入大量的精力和时间的，而高中生有考试压力，这门课的课时也很有限，很难让学生进行长时间的深入探索，所以我们会给学生留一些可以深入探究的问题，如果学生学有余力，也会积极深入探索。

Q15：在课程教授完成后，您有哪些方面的收获呢？

LYL 老师：在授课过程中我被学生的求知欲所感动，这也激发我要花更多的时间和精力去做好每一次的课程准备。每一次的准备过程既丰富了我的专业知识，也让我发现了新的问题，从而产生了更多的钻研动力。

（二）延伸提高类校本课程教师访谈实录

现代科学技术的飞速发展，大大提高了对基础科学研究的需求，对科学家的培养也提出了巨大的挑战。为了培养未来科学家核心素养，使学生提前认知与了解科学，体验科学探究过程，了解科学研究的基本范式与基本方法，认知自己的智能强项，为高考选择科学类专业做好准备，太仓高级中学在国家科学类课程校本化的基础上进行延伸拓展，依据兴趣性、探究性、前沿性的内容选择原则，将数学、物理、化学、生物、地理课程标准中"自主考核课程"或"选修课程"的内容进行交叉整合，构建多个跨学科的探究主题，开设了机器人、无人机、3D打印、天文、人工智能、激光雕刻、视觉成像、DI 等课程。机器人课程和 DI 课程作为太仓高级中学的特色课程，其教学经验值得研究和借鉴，因此我们对机器人课程 CZY 老师和 DI 课程 WZ 老师进行了深入的访谈。以下是两位教师的访谈实录。

访谈案例四

访谈地点：江苏省太仓高级中学

访谈时间：2021.4.28

课程名称：机器人

授课教师：CZY 老师

Q1：您的教育理念是什么？与之前相比，有所改变吗？

CZY 老师：教育理念基本没有变化。无论是在物理教学还是社团工作或者是STEM教学中，仍然保持以学生为主体的教学方式，希望学生在实验探究活动中有所收获，教师所扮演的角色只是活动的组织者。

Q2：教师和学生在这门课中的地位是什么？

CZY老师：学生在社团活动中处于主体地位，能够自主管理，自主选择感兴趣的内容进行研究。教师只是活动的组织者，当学生在探究过程中遇到问题后，教师适当给予帮助。

Q3：您希望为学生营造一种怎样的教学氛围呢？

CZY老师：相对自由的氛围，让学生选择自己感兴趣的内容进行探究，不需要像平时课堂教学那样，处于相对比较严肃的氛围中。

Q4：机器人课程的教学目标与传统学科课程相比，你觉得有什么区别？为什么会有这种改变呢？

CZY老师：在高考指挥棒的压力下，平时的课程更加注重学生对知识的掌握和运用。而在社团活动中除了对活动本身所需要的知识和技能的培养外，更注重对学生能力的培养，比如，交际能力、表达能力、处理问题的能力，尤其是在学生参加比赛时，这些能力更能得到锻炼。

Q5：您觉得三类课程的教学目标有差异吗？这种差异是基于怎样的考虑呢？

CZY老师：会有一定的差异，因为课程的开设其实是面对不同的学生，其本身能力甚至智力水平就存在差异，所以制定的目标就不一样。

Q6：您会在教学中创设哪些教学活动？设置这些活动的意图是什么？

CZY老师：小组合作、小组讨论，以及自行查阅资料。作为一名物理老师，无论是电子制作还是机器人编程，我对这部分知识知之甚少。说实话，电子制作还稍稍和物理知识有点关系，但是机器人其实更多的涉及计算机知识，而我本身的计算机编程水平一般，只是懂些基础知识，对学生的指导也有限，但是学校给予的任务还是要完成，所以除了自己多花时间研究，更多的时候是选择和学生一起研究，查阅资料，解决问题。

Q7：您是否会兼顾学生之间的差异？

CZY老师：我会将能力比较差的学生和较强的学生放到一组，让学生之间相互学习和帮助。

Q8：您是否会鼓励学生质疑教材和试题中的内容？

CZY 老师：鼓励，但是社团活动没有试题，多数内容都是开放性的。

Q9：您是否支持学生提出一些创新想法？是否会针对学生的创新想法提供一些帮助？

CZY 老师：会，我会鼓励学生将自己的想法付诸实践，比如创客项目，甚至为他们参加比赛创造机会。

Q10：目前，学校在教学中提供哪些先进设备或技术，它们对您的教学有什么影响或帮助呢？

CZY 老师：VR 技术、传感器、希沃白板等，有一定帮助，但是作用不大。

Q11：目前学校实验室的情况是怎样的？您在实验过程中主要关注学生的哪些方面？

CZY 老师：根据教学需要实施，更加关注学生的实验操作能力。

Q12：您在上这类课前，会做哪些准备呢？

CZY 老师：在网络上查阅资料，多数情况会和其他老师分工。

Q13：您希望学生通过这门课能得到些什么？您会从哪些方面来评价学生？

CZY 老师：学生能在忙碌的学习生活中得到放松，在获得一定快乐的同时，学有所思、学有所想。一方面能在比赛中获得成绩，另一方面也能在活动中展现能力，包括团队合作能力、解决问题的能力。

Q14：您会用怎样的方式来做这些方面的评价？

CZY 老师：相对比较主观，偶尔需要量表。

Q15：您认为开设这门课的意义是什么？您认为在未来科学家素养课程中培养学生未来科学家素养的重难点是什么？您觉得这门课达到您的预期了吗？您觉得哪些方面还可做进一步完善？

CZY 老师：培养学生处理和解决问题的能力，在高中阶段适当涉及一些编程知识对学生逻辑思维的训练有重要意义。课程教学未达到预期目标，大多学生处于模块化编程阶段，这对于高中生可能是不够的，需要更进一步提高，比如学习 python 语言或 C 语言，当然这可能也需要更加专业的老师来指导。

访谈案例五

访谈地点：江苏省太仓高级中学
访谈时间：2021.4.28
课程名称：DI 课程
授课教师：WZ 老师

Q1：您的教育理念是什么？与之前相比，有所改变吗？

WZ 老师：这门课程不是很注重知识的传授。DI 是目的想象的英文缩写，它跟我们传统的教学很不一样，需要学生开动脑筋，发挥想象力，应用自身已有的知识进行有目的的想象，所以在这个过程中，知识的输出并不重要，重要的是想办法开发学生的想象力。但因为他们已经十六七岁了，很多时候思维已形成定式，很难再开发，所以一开始接触这门课程，感觉还挺困难的。

Q2：您和学生之间的关系怎么样？

WZ 老师：我们之间的地位基本是平等的，甚至有时候课堂是由学生来主导。

Q3：您希望为学生营造一种怎样的教学氛围呢？

WZ 老师：我希望营造一种轻松愉快的教学氛围，实际上也达到了。

Q4：这些课程的教学目标，与传统课程相比，你觉得有什么区别？为什么会有这种改变呢？

WZ 老师：课程不一样，目标自然不同，但是价值取向都是一样的，都是注重能力的培养，只不过传统课程对知识的要求更高，而 DI 课程对能力要求更高，知识反倒是次要的。关于素养层面，我们设计课程时肯定都是希望能够帮助学生有所提高，但是要做到这一点确实也很难，而且短期内是看不到效果的。

Q5：您会在教学中创设哪些教学活动？设置这些活动的意图是什么？

WZ 老师：我们一般不设计活动，都是学生自行组织，所以说更多的时候是学生在主导这个社团活动，我们起到的作用是在他们遇到困难的时候提供帮助。

Q6：是否会给学生提供独立学习或小组合作学习的机会？

WZ 老师：选择 DI 课程的人数本来就少，而且我们的活动全部要求小组合作，所以基本上是我们提供课题，其他的全部由学生自己完成，包括前期的资料收集，以及后期的道具制作和最终的表演形式的确定。

Q7：您是否会兼顾学生之间的差异？

WZ老师：这门课程的性质决定了需要不同的学生交流思想，碰撞出不同的火花，所以学生差异越明显越好。

Q8：您是否会鼓励学生表达个人观点，并交流讨论彼此不同的观点？

WZ老师：彼此交流观点是他们每节课的主要活动。

Q9：您是否支持学生提出一些创新想法？是否会针对学生的创新想法给他们提供一些帮助？

WZ老师：我们社团就是要学生们提供创新的想法，我们负责提供帮助。

Q10：目前，学校在教学中提供哪些先进设备或技术？

WZ老师：技术上的基本需求都能满足，VR技术、传感器、3D打印、激光雕刻都有。

Q11：这些设备和技术对您的教学有什么影响呢？

WZ老师：学生在制作道具的过程中会请激光雕刻和3D打印社团的同学帮忙，他们自己也会过去学习，对这些技术都很感兴趣，所以也算是促进各社团之间的融合和交流。

Q12：您在上这门课前，会做哪些准备呢？

WZ老师：DI社团是由两个老师一起负责，一般课前我们会去看一些比赛的相关视频。

Q13：您希望学生通过这门课能学到些什么？您会从哪些方面来评价学生？

WZ老师：希望学生的思维能有所发展，主要指想象力方面。评价的话，我们一般是看最后的作品。

Q14：您认为开设这门课的意义是什么？您认为在未来科学家素养课程中培养学生未来科学家素养的重难点是什么？您觉得这门课达到您的预期了吗？您觉得哪些方面还可做进一步完善？

WZ老师：课程开设肯定是有意义的，目的和初衷也是好的，肯定是希望学生往好的方向发展，不仅仅在学习成绩上，综合实践的意义其实在于帮助学生积累经验，积累日后离开校园、步入社会、适应社会，遇到问题可以解决问题的一种经验，也可以说是素养。

困难在于大家都不是这方面的专业人才,大多数老师都是师范专业出身,再加上自身还有本专业的学科课程教学任务,在综合实践类课程中投入的时间必然是有限的,所以肯定是达不到预期目标的,除非降低目标或者投入专人负责这一类课程。

Q15:在未来科学家素养课程教授完成后,您有哪些方面的收获呢?

WZ老师:收获肯定还是有的,但是也不多。从最开始对DI完全不了解,到有了一点了解。除此之外,我最大的收获可能是来源于学生了,他们一些脑洞大开的想法,确实让人眼前一亮,可能使我创新能力方面有一些提高吧!

(三)创新拔尖类校本课程教师访谈实录

为了响应"强基计划",进一步培养未来科学家基本素养,深化和提高学生运用科学研究范式与方法的能力,太仓高级中学瞄准全国青少年学科奥林匹克竞赛,开设了数学、物理、信息技术等创新拔尖类校本课程,为拔尖学生成为科学家后备人才奠定了坚实基础。

本研究选取数学奥赛课程SJ老师和信息技术奥赛课程FW老师作为访谈对象,旨在通过深入访谈了解竞赛课程教师的专业发展。以下是两位教师的完整访谈实录。

访谈案例六

访谈地点:江苏省太仓高级中学

访谈时间:2021.4.28

课程名称:数学奥赛

授课教师:SJ老师

Q1:您的教育理念与之前相比,有所改变吗?

SJ老师:有明显的变化。之前的教育理念相对保守一些,作为未来科学家素养课程之一的数学奥赛这门课的老师,我在以前求稳的基础上,更注重求进步、求创新。

Q2:在数学奥赛课程中,你和学生的关系是怎样的?

SJ老师:作为拔尖类课程,教师和学生在课堂上的关系应该说是相辅相成的。学生思维能力的提升离不开教师的悉心教导,这同时也促使教师提升课程难度,进而教师的能力也随之提升。我和学生形成了良好的亦师亦友、教学相长的关系。

Q3:您希望为学生营造一种怎样的教学氛围呢?

SJ老师：我希望能为学生营造一种共同研究探讨的教学氛围，在这个基础上，同学之间形成良性的竞争氛围。

Q4：数学奥赛课程的教学目标与传统学科课程相比，你觉得有什么区别？为什么会有这种改变呢？

SJ老师：数学拔尖类课程基于传统课程，但又高于传统课程，它根据学生能力开展必要的分层教学，这也是对现行重点中学学生学科能力的一种补充和优化，也响应了国家对"强基"的要求。

Q5：您觉得三类课程的教学目标会有差异吗？这种差异是基于怎样的考量呢？

SJ老师：这三类课程的差异应该是比较明显的，三类课程的侧重点不同，因此考量的标准也不同。校本课程基于学科，拓展课堂内容；延伸类课程更多地关注学科间的整合，以及应用于学生活动；拔尖类课程更多地体现学科竞赛，为自主招生、"强基计划"服务。

Q6：您会在教学中创设哪些教学活动？设置这些活动的意图是什么？

SJ老师：在教学中，我常用的教学活动有情境设置和数学模型建构。情景设置的主要目的是让学生的认知来源于生活；数学模型建构将实际问题具体化，可以让学生关注数学知识内部结构。

Q7：您是否会兼顾学生之间的差异？

SJ老师：学生之间的差异是我们现阶段面临的最大问题，基于上海市已有的差异化教学经验，我们学校在个别对话、作业分层方面做了比较大的努力。我的这门拔尖类课程其实已经是对学校里的学生进行分层教学了，班级的学生都很优秀，对于班上具有特殊数学才能的学生，我会提高对他们的要求，针对性地推荐专业书籍和布置作业。

Q8：您是否在课堂上设置开放性、综合性的高质量问题？如何帮助学生解决这类高质量问题？

SJ老师：会的，开放性的问题更有利于学生将知识融会贯通，强化知识体系构建。例如，在研究函数奇偶性的时候，可以让学生举例，这样学生就可以把典型的奇偶函数全部分析到位，教师就可以在学生所完成内容的基础上总结提升。

Q9：您是否会鼓励学生质疑教材、试题中的内容？

SJ老师：我们会让学生提出疑问，一定是带着问题去质疑。需要让学生了解数学史，让学生通过历史发展来明白数学史的发展本身就是一个不断质疑、不断求证的过程。

Q10：您是否支持学生提出一些创新想法？是否会针对学生的创新想法提供一些帮助？

SJ老师：我会鼓励学生发表个人观点，但在小组内部讨论的时候必须先形成小组的统一意见。建议学生先从自己的角度去提出观点和创意，这样更有利于学生主动建构知识。同时，我会针对学生的想法帮助他们将创意落到实处，让学生体会到实现自己创意的成功与喜悦。

Q11：目前，学校教学提供哪些先进设备或技术，它们对您的教学有什么影响或帮助呢？

SJ老师：希沃技术、GGB软件已经应用在我们日常的教学中，借助这些技术可以化抽象的数学模型为形象的数学图像，提升学生的直观想象能力，弥补传统教育的不足。

Q12：目前学校实验室的情况是怎样的？

SJ老师：目前我们学校有数学课程基地，手持计算器、几何画板、GGB软件等已经进入课堂。

Q13：您在上这门课前会做哪些准备呢？

SJ老师：教学团队合作主要依托于教研组、备课组。教研组提供前沿科技，选取优秀案例；备课组主要研究教法，分析课堂效果。

Q14：您希望学生通过这门课能学到些什么？您会从哪些方面来评价学生？

SJ老师：希望学生可以扩大自己的知识面，在提高思维能力的同时，激发和保持对数学的热爱，特别是有深入研究数学的兴趣和信心。所以我会从兴趣、坚持、信心和掌握知识的能力等方面评价学生。

Q15：您会用怎样的方式来做出这些方面的评价？

SJ老师：基本上以纸笔测验和课堂提问的方式来对学生进行客观评价。

Q16：您认为开设这门课的意义是什么？您认为在未来科学家素养课程中培养学生未来科学家素养的重难点是什么？您觉得这门课达到您的预期了吗？您觉得哪些方面还可做进一步完善？

SJ老师：数学是理科学习的基础，特别是在科学领域，数学能力的提升也是其他学科素养提升的保证。但未来科学家的素养，只通过这一门课不足以做到面面俱到，还需要与其他的课程齐头并进，共同培养。

我觉得其实可以多与其他学科的课程合作，实行跨学科的教学方式，使学科之间的联系更紧密一些，学生的知识体系建构就会更加完整。

Q17：在未来科学家素养课程教授完成后，您有哪些方面的收获呢？

SJ老师：专业知识方面，在与学生一起交流讨论时，听到他们很多有意思的想法，我也会按照他们的想法去重新"学"。在了解学生的思维方式后再结合专业知识，我亦会有新的感悟和体会。创新能力方面，我也有了明显的提高。为了培养学生的创新思维和能力，激发出学生的创新想法，我会精心设计情境和问题，使学生在思考问题中提升进步，我也在问题的设计中提升进步。

访谈案例七

访谈地点：江苏省太仓高级中学

访谈时间：2021.4.28

课程名称：信息技术奥赛

授课教师：FW老师

Q1：您这门课的教育理念是什么？与之前相比有所改变吗？

FW老师：信息技术奥赛课程是开放的，不以分数为目的，所以教育理念与之前改变不大。

Q2：您在这门课程中处于什么位置？

FW老师：本课程主要围绕一个主题，让学生自主探究，教师是一个组织者与管理者，学生才是课程学习的主体。

Q3：您希望为学生营造一种怎样的教学氛围呢？

FW老师：我希望为学生营造自主探究、在小组合作中互帮互助的教学氛围。

Q4：信息技术奥赛课程的教学目标，与传统学科课程相比，你觉得有什么区别？为什么会有这种改变呢？

FW老师：本课程不以应试为教学目标，主要希望学生能通过此课程提高利用信息的能力和使用互联网的素养。之所以能如此是因为本课程以课外知识为主，不是应试学科。

Q5：您会在教学中创设哪些教学活动？设置这些活动的意图是什么？

FW老师：我会根据一些教师开发的在线题库创设教学活动，主要有计算机编程、在线测试、积分排名等。希望这些活动可以帮助学生进一步了解计算机，适当学习一些编程语言，提升学生逻辑思维、创造性思维等未来科学家素养。

Q6：您是否会兼顾学生之间的差异？

FW 老师：会。由于本社团人数较少，教师能够全面地了解学生之间的差异，可以针对不同的学生分配不同的任务。

Q7：您是否会鼓励学生质疑教材、试题中的内容？

FW 老师：会。信息技术奥赛并没有指定的教材，而且信息技术奥赛本身就是开放的，没有标准答案，探究过程就是不断质疑与创新的过程。

Q8：您是否支持学生提出一些创新想法？是否会针对学生的创新想法提供一些帮助？

FW 老师：我会支持学生提出的创新想法，并针对这些想法建议学生从自己的角度去提出观点和创意，这样更有利于学生去分析问题。

Q9：目前，学校为教学提供哪些先进设备或技术，它们对您的教学有什么影响或帮助呢？

FW 老师：希沃技术、GGB 软件已经应用到了我们日常的教学中，相信不远的将来其他技术也会进入教学中。

Q10：目前学校实验室的情况是怎样的？

FW 老师：目前我们学校有计算机教室供学生上信息技术奥赛课，此外机器人社团、无人机社团也有能让学生将信息技术付诸实践的设备。

Q11：您在上这门课前，有做过哪些准备呢？

FW 老师：会读一些编程相关的书籍，并借鉴一线教师开发的在线题库进行活动创设。

Q12：您希望学生通过这门课能学到些什么？您会从哪些方面来评价学生？

FW 老师：树立信息安全意识，养成安全使用信息技术的习惯，能利用信息技术解决学习和生活中的问题。评价方式灵活多样，主要采取考查学生实际操作能力或评价学生作品的方式。

Q13：您认为开设这门课的意义是什么？您认为在未来科学家素养课程中培养学生未来科学家素养的重难点是什么？您觉得这门课达到您的预期了吗？您觉得哪些方面还可做进一步完善？

FW 老师：从社会发展的现实出发，在普通高中设立信息技术奥赛，是我国在全球信息化建设进程中，抓住机遇、赶上世界发展的步伐、抢占制高点的必要保证。将所学的信息技术积极地应用到生产生活乃至信息技术革新等各项实践活动中去，在实践中创新，在创新中实践是信息技术奥赛的重难点。这门课还未达到我的预期，希望获得专家指点，以期拥有更先进的信息技术、更灵活的教学方法，来支持奥赛课程的开展。

Q14：在未来科学家素养课程教授完成后，您有哪些方面的收获呢？

FW老师：对学生学习过程、方法、结果进行评价的能力有所提升，并在此表现性评价的基础上，更好地了解了学生的个性，提升了我的教学能力。

三、教师访谈分析与结论

（一）教师访谈资料的处理

在明确了教师专业发展目标的具体内容及其内涵的基础上，学校对教师访谈实录资料进行处理，概括和提炼其中的有效信息，三类课程教师专业发展访谈的思维导图分别如图5-2、图5-3、图5-4所示。

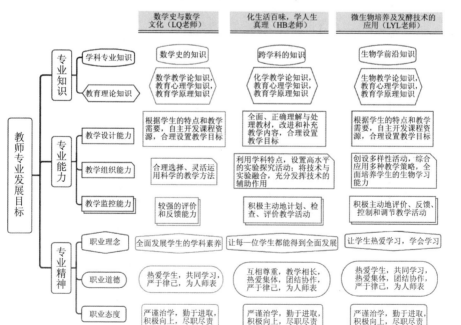

图5-2　国家科学类课程校本化教师访谈

图 5-3 延伸提高类校本课程教师访谈

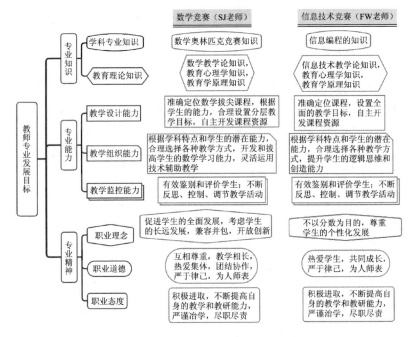

图 5-4 创新拔尖类校本课程教师访谈

（二）教师访谈资料的分析

1. 专业知识的发展

专业知识是教师从业的基础，是决定教师能"教会学生学习"的关键。教师的专业知识一般包括学科专业知识和教育专业知识。通过访谈结果可以看出，三类课程授课教师的学科专业知识更加系统、完整，教育心理学、教育基本理论和教学论相关知识也得到了补充和强化。教师专业知识的发展最终落实在教学实践中，教师能够更准确地把握自己所教学科，能够游刃有余地处理教材内容和教学内容，选择适合的教学方法。

由于学生层次和课程定位不同，三类课程教师的学科专业知识发展存在一定的差异。

国家科学类校本课程主要是对课本内容进行拓展和补充，重在激起学生的学习动机和兴趣，教师的学科专业知识主要是在所教学科基础知识上的拓宽和补充。数学史与数学文化 LQ 老师提道："在这门课程的备课过程中，我也在不断学习，有很多数学史知识也是在查资料的过程中了解到的，通过讲授，自己在这方面的知识得到了补充。"（见访谈案例一）"化生活百味，学人生真理"HB 老师也提道："我会基于书本的知识点，结合化学与生活，从生活中取材来展开化学实验，因此化学与生活的知识比之前更丰富了。"（见访谈案例二）

延伸提高类校本课程是以跨学科的科学探究活动为主，注重提升学生科学探究兴趣，了解科学研究的基本范式与基本方法，提前了解一些科学前沿知识，为学生选择未来专业提供方向。因此教师的学科专业知识是在所教学科知识基础上向外延伸，主要表现为工程相关的跨学科知识和 STEM 知识等。机器人课程 CZY 老师就表示："就自己本身而言，作为一名物理老师……我本身的计算机编程水平一般，只是懂些基础知识……所以除了自己多花时间研究，更多的时候是选择和学生一起研究，查阅资料，解决问题。"（见访谈案例四）

创新拔尖类校本课程主要瞄准全国青少年奥林匹克竞赛，为拔尖学生进行"强基计划"做好准备。教师需要在夯实学生学科基础知识的基础上，从知识的广度和深度上进行加强和拔高，包括进行大学基础学科课程的教学。因此奥赛课程的任课教师必须具备扎实深厚的学科功底，并在课程中不断提高自身的学科知识素养。数学奥赛课程 SJ 老师表示：

"专业知识上,在与学生一起交流讨论时,接触到他们很多有意思的想法,我也会按照他们的想法去重新'学',在了解学生的思维方式后再看专业知识,我亦有了新的感悟和体会。"(见访谈案例六)

2. 专业能力的发展

教师专业能力是教师专业结构的重要组成部分,是影响教育教学具体效果的决定因素。教师的专业能力包含多方面的内容,了解学生能力、处理教材能力、教学能力等都属于教师专业能力。根据提出的教师专业发展目标,教师专业能力主要包括教学设计能力、教学组织能力和教学监控能力。

(1) 教学设计能力

教学设计是教学工作的关键环节,教师首先要研读和分析教材,接着了解学生的身心发展特征和学习情况,从而确定教学目标,把握教学重难点,因此教学设计能力包括课程定位能力、制定教学目标能力、了解学生能力和处理教材能力等多个方面。

从访谈结果来看,三类课程教师都很好地理解了未来科学家素养课程的根本目标,对课程有准确的定位。例如,"我觉得未来科学家素养课程并不是真正把学生培养成未来的科学家,而是期望学生能够具备科学家的基本素养,比如,基本的科学知识、基本的科学素养及科学精神等"(见访谈案例二)。"三类课程的侧重点不同,因此考量的标准也不同,校本课程基于学科,拓展课堂内容;延伸类课程更多关注学科间的整合,以及应用于学生活动;拔尖类课程更多体现学科竞赛,为自主招生、'强基计划'服务"。(见访谈案例六)

教师能够根据课程需要及学生个性特征,制定合理的教学目标,校本化课程面向全体学生,课程内容主要是课内知识的简单延伸,因此教学目标以激发学生兴趣、培养学生科学素养为主。例如,"课堂以学生为主体,从学生课内知识延伸至课外,涉及学生感兴趣的大学数学知识点……数学史和数学文化是学生高中所学知识的拓展,以开阔学生的视野……恰逢高考改革,为了适应新高考、新课标,需要学生对数学文化有更多的了解,提高学生的数学素养"。(见访谈案例一)

创新拔尖类课程主要面向拔尖学生,这类学生的知识基础和学习能力都比较突出,因此针对这类学生,课程目标不仅仅是激发学生的兴趣,更注重对学生学习能力和素养的优化和拔高。例如,"数学拔尖类课程基于传统课程，但又高于传统课程，它根据学生能力开展必要的分层教学，这也是对现行重点中学学生学科能力的一种补充和优化，也响应了国家对'强基'的要求"。（见访谈案例六）

教师教学设计能力的发展还体现在对教材内容及课程资源的处理和开发。校本化课程以教材知识为主，教师需要处理好校本课程与传统课程的衔接和区别，这无疑是对教师教材处理能力的锻炼和提高。例如，"我们做的实验会以化学教材中的知识为基础。有些书本上的实验，因为课内没有时间去做，我们就拿到校本课程中来做，如氯气的性质探究等。也有基于书本的知识点，结合化学与生活，从生活中取材来展开的化学实验。比如，基于氧化还原反应原理，我们设计了维生素 C 性质的探究这节课，用维生素 C 片来探究 VC 的不稳定性、酸性、还原性等"（见访谈案例二）。创新拔尖类课程是对教材知识的加深和拔高，教师需要补充大量课内未涉及的知识点，基于课程目标，自主开发针对性的课程资源。例如，"本课程以课外知识为主，我会根据大学专业课程教材以及一些教师开发的在线题库，自己选择适合的教学内容。"

（2）教学组织能力

学校的各项教学任务主要是通过课堂教学来完成的，各学科的教学活动主要也是以课堂形式呈现的。教学组织能力就是教师将教学设计思想在课堂实现的过程，是动态的生成过程。从访谈结果来看，教师的教学组织能力都得到了发展。

第一，教学方法的选择和教学策略的运用更加灵活丰富，会兼顾不同学生的差异。例如，"我们的校本课程有高一也有高二的学生，高二的学生中有文科学生，所以会考虑到兼顾所有学生，不会让课程难度太大，也不会太简单。课上讲到一些高二学生学过但其他学生没学过的内容时，可以让高二学生进行展示分享。对于高一学生刚学过的知识，也会让他们带领大家一起复习巩固。每位学生都可以有展示自我的机会"（见访谈案例二）"我的这门拔尖类课程其实已经是对学校里的学生进行分层教学了，班级的学生都很优秀，对于班上具有特殊数学才能的学生，我会提高对他们的要求，针对性地推荐专业书籍和布置作业。"（见访谈案例六）会鼓励学生形成论证意识，具有批判性思维。例如，"我们会让学生提出疑问，一定是带着问题去质疑。需要让学生了解数学史，让学生通过历史发展来明白数学史的发展本身就是一个不断质疑、不断求证的过程"。（见访谈案例六）会精心设置高质量的问题，训练学生的高阶思维。例如，"开放性的问题更有利于学生将知识融会贯通，强化知识体系构建，例如，在研究函数奇偶性的时候，可以让学生举例，这样学生就可以把典型的奇偶函数全部分析到位，教师就可以在学生所完成内容的基础上总结提升"。（见访谈案例六）会开发和支持学生的创新活动。例如，"我会鼓励学生发表个人观点，但在小组内部讨论的时候必须先形成统一意见。建议学生先从自己的角度去提出观点和创意，这样更有利于学生主动建构知识。同时，我会针对学生的想法帮助他们将创意落到实处，让学生体会到实现自己创意的成功与喜悦"。（见访谈案例六）

第二，教学活动的设置更加多样合理，实现不同的课程目标，培养学生多方面的能力和素养。例如，"课堂形式主要是讲授式、合作探究、研讨式等。教学内容主要是数学史与数学文化的介绍，以及针对这些内容的外延和应用两大方面。其中，数学史与数学文化的介绍主要是教师通过系统的知识讲解，使学生深刻而清晰地掌握知识结构；知识外延和应用，主要以学生的合作探究和研讨为主，以提高学生的学科素养为目的"。（见访谈案例一）

第三，教学技术的运用更加灵活，辅助教师更好地展开教学活动，实现教学目标。例如，"除了常规的实验仪器之外，还会借助 VR、传感器等仪器和技术完成一些微观、抽象知识的教学""希沃技术、GGB 软件已经应用到了我们日常的教学中，借助这些技术可以化抽象的数学模型为形象的数学图像，提升学生的直观想象能力，弥补传统教育的不足"。（见访谈案例六）

（3）教学监控能力

教学监控能力是教师教学能力的关键。为了保证教学达到预期的目的，教师需要在教学的全过程中，不断地对教学活动进行积极主动地计划、检查、评价、反馈、控制和调节。

从访谈结果来看，教师能够通过多元的评价方式实现对学生的评价。创新拔尖类课程以学科竞赛为主，因此教师主要通过客观的测试了解学生的学习情况。例如，"基本上以纸笔测验和课堂提问的方式来对学生进行客观评价，及时调整教学内容"。延伸提高类课程对知识的难度要求不是很高，注重对学生能力和素养的培养，教师会通过客观和主观相结合的方式实现评价。例如,"课堂上回答问题的表现,思维的活跃程度(主要指对开放性问题思考的角度),对基础知识的掌握,化学实验操作能力、实验探究能力(实验方案的设计、对实验现象的分析与反思)、创新能力(实验的创新与创新实验的设计)"(见访谈案例二),"我主要从三个方面评价学生,一是学生在实践活动中的参与度,二是学生在活动过程中能否提出有价值的问题,三是学生与其他学生的合作情况。在评价主体上,除了教师评价外,还可以通过生生互评的方式进行,以作品评价表及学生成果展示的形式进行评价"。(见访谈案例三)

除了对学生的评价之外,教师会时刻对自己的教学进行反思,包括教学目标的完成情况、课堂教学的成功之处及应注意的问题等方面。数学史与数学文化课 LQ 老师认识到课程存在问题,并在不断地优化课程内容。例如,"由于上课内容可操作性不强,所以学生在听课方面并不能做到完全投入,导致所讲内容并不是所有学生都听得进去、都能听明白。我认为所教课程最好能自成一个体系,而不是大家各自找材料,课程内容之间应环环相扣、紧密联系,学生在上课时才能更加投入,这是我们后续需要完成的主要工作"。(见访谈案例一)DI 课程 WZ 老师也表示自身学科素养需要进一步加强。例如,"困难在于大家都不是这方面的专业人才,大多数老师都是师范专业出身,再加上自身还有本专业的学科课程教学任务,在综合实践类课程中投入的时间必然是有限的"。(见访谈案例五)数学奥赛课程 SJ 老师认为,未来科学家素养课程的综合性有待加强。例如,"我觉得其实可以多与其他学科的课程合作,实行跨学科的教学方式,使学科之间的联系更紧密一些,学生的知识体系建构就会更加完整,不会那么割裂了"。(见访谈案例六)

教师对教育教学活动及其问题的认识往往是局部的、表面的,如同盲人摸象,所以需要不断地观察和反思,不断地发现新问题,从而深刻理解未来科学家素养课程的教育理念,进一步改进教学方法,把自己的教育教学实践提升到新的高度。

3. 专业精神的发展

教师专业精神是教师对教育的理解,影响着教师对教师职业的理解与认识,影响着教师对学生的态度、对教学的态度。教师专业精神指导着教师的一切教育行为,是教师专业发展的内核与关键。根据教师专业发展目标,教师专业精神主要包括职业理念、职业道德和职业态度。

(1) 职业理念

教师的职业理念包括教师的教育观、课程观、教师观和学生观等。从访谈结果来看，教师的教育理念在其教授未来科学家素养课程之后得到了更新。例如，"与之前的教育理念相比，我们不仅仅是教授材料知识，更注重的是对学生学科素养的培养"。由于课程性质不同、学生特点不同、自身个性不同，教师的职业理念也并不完全相同。"化生活百味，学人生真理"HB老师在访谈中表示："教育理念始终是尽可能让每一位学生都能得到全面的发展。"微生物培养及发酵技术的应用LYL老师认为："教育是为了让学生热爱学习，学会学习。"（见访谈案例三）可以发现，培养学生的兴趣、促进学生的全面发展是教师共同的不懈追求。

(2) 职业道德

教师的职业道德指的是教师个体在教育教学过程中的道德品质，这些道德品质往往会通过与他人的交往表现出来。从访谈结果来看，三类课程的教师都有着良好的职业道德，并在未来科学家素养课程的实施过程中得到丰富和充实，具体表现在以下两个方面。

第一，热爱学生。三类课程的教师与学生的关系都和谐融洽，能够平等地对待学生。例如，"我们之间的地位基本是平等的，甚至有时候是学生来主导课堂"。教师给学生提供足够的自主和支持。例如，"学生在社团课程中处于主体地位，教师只是活动的组织者，学生在社团课程中能够自主管理，自主选择自己感兴趣的内容进行研究，教师只是在学生探究过程中遇到问题后适当给予帮助"。教师与学生互帮互助，共同成长。例如，"在授课过程中我被学生的求知欲所感动，这也激发我花更多的时间和精力去做好每一次的课程准备。作为拔尖类课程，教师和学生在课程上的关系应该说是相辅相成的"，"学生的思维和能力的提升离不开教师的悉心教导，同时也促进教师提升设置课程的难度，进而教师能力也随之提升。我和学生形成了良好的亦师亦友、教学相长的关系"。

第二，热爱集体。教师在未来科学家素养课程实施过程中，表现出了良好的合作能力，教师团队合理分工，各司其职，共同促进课程的进步和完善。"化生活百味，学人生真理"HB老师提道："我们化学校本课程有两位指导老师，是两位青年教师，每次课前我俩会一起商量着下次的实验内容,然后轮流组织教学内容。有什么新的想法会互相交流。本学期我们的实验员休产假,所以每次实验都是我们俩提前为学生准备好的。"数学奥赛课程 SJ 老师也在访谈中谈道:"教学团队合作主要依托于教研组、备课组,教研组提供前沿科技、优秀案例的选取;备课组主要研究解法、课堂的分析。"另外,教师在未来科学家素养课程中应时刻保持谦逊的态度,虚心学习。例如,"遇到难以处理的问题时,我会向学科组的前辈请教经验,在课前也会及时与实验员协调好,做好实验准备"。

(3) 职业态度

职业态度指的是教师对自己所从事的教师职业所持有的评价和行为倾向,简单来说,它是教师对所从事职业的看法、观点和心理倾向,影响着教师的教学行为、教学动机、教学效能感等。教师的职业态度通常表现为对教学工作的投入感和责任感。

教师在未来科学家素养课程实施过程中严格要求自己,不断进取,精益求精,表现出对教学工作的敬业负责。例如,"教师也要能够提高自身的教学研究能力,在这一方面,自己感到在备课的过程中是有提升的,会有这个意识要求自己多研究","在准备过程中,既丰富了我的专业知识,也让我发现了新的问题,从而产生了更多的教研动力"。

(三) 教师访谈的结论

太仓高级中学的未来科学家培养基地正在蓬勃发展,构建了具有学校特色的培养未来科学家素养的三级课程体系,这离不开教师团队的努力和付出,教师也在构建和实施未来科学家素养课程的过程中促进了自身的专业发展,二者相互促进,相辅相成。

教师专业发展是一个系统工程,是教师个体专业不断发展的历程,是教师不断学习新知识、提高专业能力的过程。教师自身专业发展和外部环境的驱动,二者缺一不可。教师是教师专业发展的主体,也是教师专业发展的内因。未来科学家素养课程作为有力的外部环境,是教师专业发展的保障和途径,促进和助推教师不断扩展自己的知识结构,提高自身的教学与教研能力,更新自身的教育教学理念。

第 3 节　教师专业成长案例分析

成长档案

遇见新知　遇见新技术　遇见新己
——记社团指导中的专业成长
江苏省太仓高级中学　王丹

社团名称：人工智能与机械臂

创办时间：2020 年 10 月

社团活动：学习体验展示设备（五子棋、AI 服务员、自动早餐机、智能垃圾分类、货物分拣、书法机器人）、学习人工智能与机械臂相关理论知识（如机械臂基本结构与工作原理、语音识别原理、人脸识别原理、运动控制等）、人工智能与机械臂的实际应用及科技前沿、程序设计与实践等。

2020 年 10 月，得知学校要成立"人工智能与机械臂"社团，我很开心，很想加入这个社团学习。我对人工智能这一领域非常感兴趣，而且这与我任教的信息技术学科有密切的联系，我想通过学习这方面的知识，提升自身的技能和专业素养，感受社团教学与课堂教学的异同，锻炼自己与学生相处的能力。

厂家的指导老师过来培训了两天，培训的时间很短，仅安装的各种软件、插件就有近 10 个，还要熟悉硬件设备的结构、原理、连接、控制，以及几个基本的程序。真的学起来，困难有很多。开班在即，我该如何面对学生呢？社团的第一课让我很紧张。我做了很多准备，提前把多个程序调试好，准备好社团介绍、项目体验等内容，先让学生对社团有初步的认识，把学生的学习兴趣调动起来，对社团未来的学习、工作的内容有个基本认识，知道要学什么、做什么。

社团教学中，主要以项目式教学为主。学生在整个学习中过程占主导地位，学生自愿组团，以 2 人为一组，每组配 1 台笔记本电脑、1 台机械臂，以及相关配件。教学采用学生自主探索、教师指导总结的方式，例如，先让学生自己结合实物和说明探究机械臂的结构、特点等，我再做梳理，强调一些重点部分和注意事项，引导学生自己安装相关的软件、插件、资源包等，提升学生的动手能力与信息素养。平时的课堂教学都是老师预先给学生机器安装好软件，学生很少自己体验安装过程，对于安装插件、导入包、配置环境等知识更是了解甚少。社团学习中将这些机会都留给学生，从简单的项目入手，让学生先用图形化软件实现对机械臂的基本控制，如门型运动、抓取释放等，再结合项目要求，设计流程并操作实现。

  学生看到自己编写的程序能够控制这台小机器进行工作，很有成就感，并受到极大的鼓舞与激励，这是平时的课堂教学难以达到的效果。这到底是如何实现的呢？其中涉及很多基础的理论知识。人工智能的专业理论知识很多、很难，也很枯燥。于是我挑选了一些难度接近学生认知水平的知识，并借用一些生活化的案例，帮助学生初步了解这些原理，没有做很深入的挖掘。再深入下去会涉及很专业的、大学才会学到的知识，学生现在理解和掌握都有困难，没有必要超前、超难度学习。

  从图形化编程到写代码编程是一大困难。代码的编写相比图形化编程要求更高、更规范，学生很容易出错，而一个小小的错误就会导致程序无法正常运行。各个小组遇到的问题还都不一样，有一些问题我难以当场帮助他们解决，这对学生和我都有一定的影响。课后我通过自己调试、培训老师的远程指导，把学生的问题一一解决。这个过程消耗了我大量的时间、精力，效果不是很理想。我和学生的编程能力似乎都难以提高，需要更专业的老师来指导，而且考虑到相关比赛只要图形化编程，重在培养学生的认知水平、创意想法和实践能力，于是暂停了编写代码，继续使用图形化编程。

  社团开展了一段时间后，学生之间也彼此熟悉了，对彼此的能力、水平也有了一定了解，于是安排了社长竞选活动，采用小组推荐、问题讨论、观点表述等多个环节，民主选举出社长。借此机会，我对学生做了有关社团教学的调查，了解学生的感受和想法，征集他们的意见并做相应改进。

  社团活动的项目一般都是我预先挑选好的，我们先后做了"智能垃圾分类""智能货物入库""智能门禁""绘制创意图形""快递识别分类"等多个项目，一般采用教师介绍项目背景、提出项目任务，学生梳理任务流程、编程解决问题、优化程序、拓展功能、小组展示交流等环节。小组一起讨论并完成任务，老师巡视指导。当小组的想法不统一或遇到困难时可以请求其他小组帮助，也可以在完成任务后去参观其他小组的成果，相互交流学习，相互体验测试，比较谁的方案更好，程序更规范、高效，功能更人性化，相互提出意见。

在程序优化过程中，我发现有些学生没有自己的想法，只是完成基本任务；有些学生想得太多，超过了自己的能力范围，难以实现；也有些学生既有想法，又能实现。对于这些情况，我建议学生加强交流，深入互助，能力强的小组指导其他小组，能力弱的小组多观摩学习，好的程序大家一起讨论分享。

在学生自主选题的过程中，我发现学生的思维很有局限性。我给出一个主题或大方向，学生能想到的很少，或者很简单，很快就做好了，缺乏深度和广度。为了帮助学生拓宽视野、发散思维，我增加了一个学习模块，经常找前沿科技应用的相关视频给学生观看，并讨论、学习，取得了一定的效果。

半年多以来，我从开始组建社团，带领学生探索人工智能知识，到设计小程序解决实际问题，都是和学生一起学习、一起成长。在专业知识领域，我学到很多人工智能方面的知识，也更关注人工智能前沿技术与行业发展；在专业技能领域，一方面，我的编程思想、逻辑思维能力有了一定的提升；另一方面，我的编程能力与解决bug的能力也有所提高。在教研方面，我更加关注人工智能教育科研成果、教学应用，积极反思改进，并撰写发表了一篇论文。在教学水平方面，我的应变能力、教学设计能力、引导学生探究的能力等都有所提高。在与学生相处方面，师生关系更加和谐，单独交流的机会更多，能充分照顾到每个学生，对学生的了解也更深入。

成长档案

心若有翼　我自飞翔
——记社团指导中的专业成长

江苏省太仓高级中学　刘志虎

社团名称：无人机

创办时间：2018 年

社团活动：

（1）无人机基本知识，日常维护、保养知识，相应法律法规。

（2）无人机的组装、调试、修理、飞控的基本理论，操控模拟飞行。

（3）无人机飞行操控实训：起飞、降落、飞行控制、矩形航线、360°自旋、水平八字等。

（4）无人机应用的基本常识。

为适应新时代的教育观念，达成"立德树人"的目标，在学校未来科学家素养课程基地建设背景下，江苏省太仓高级中学无人机社团于 2018 年成立，旨在提高学生的操作和编程能力，让学生体验科技的魅力，培养创新思维。每次社团课活动都以任务型和问题型学习为主，如利用成熟稳定的无人机，在最短的时间内完成拍摄任务，培养学生操作能力；利用设置不稳定的小且新的无人机模型，在有限的时间内挑战飞越障碍物，培养学生临场应变的能力；利用开源式的无人机，设计程序并编程，出色完成各项飞行任务，培养学生敢于创新、勇于实践的意识。

无人机课程看似与传统学科课程区别较大，联系也较少，但随着课程的不断深入，也体现出与传统学科课程千丝万缕的关系。首先，同为授课，授课对象是学生，教室内与教室外的学生是不一样的状态和表现。在教室里的他可能思维很活跃，但是在需要动手操作时，却有可能选择回避和退缩；上课时的他可能沉默寡言，不爱表达，但在这种实践课程中，他会勇于表达，勤于实践，敢于创新。另外，学生在社团的表现，都会让教师更全面地了解学生，更科学地因材施教。其次，该课程相比传统课程，更加注重操作实践和创新实践。通过设计程序，改变无人机的飞行状态，准确完成飞行任务，让学生更能获得成就感，这种意识也会潜移默化地影响其他学科领域，学习不仅停留在认知层面上，还要尝试去实践。在设计程序和操作飞行时，学生难免会遇到棘手的问题，在解决问题的过程中，积极的心态和强大的心理素质也会慢慢地培养起来。

开设这门无人机社团课，对于学生来说，改变了个人的认知观，丰富了学生的课外经历，锻炼了学生的动手能力，开发了学生的创新思维。对于任课教师来说，有幸接触这一领域，无疑为自己的教学和科研打开了另一扇门。在教学上，我能够重新认识和了解学生，再结合他们的认知水平进一步改进教学方法；在科研规划上，我撰写的教学论文主题不再仅仅是解题类，还将科学理性精神和实践创新经验融入其中，让论文更具有前瞻性和可操作性。

希望接下来的无人机课程教学与传统学科教学的关系更加密切，能将未来科学家素养在课堂上体现出来，为学生今后的高考和未来的职业发展奠定基础。

第6章 国家科学类课程校本化案例

第 1 节 简易游标卡尺的制作

游标卡尺的使用与读数一直都是高中物理教学的重点和难点,在历届高考中经常出现,但学生的得分却不甚理想。究其原因,一方面,很多学生只是死记各种分度游标卡尺的精确度和读数公式,对测微原理理解不够深刻;另一方面,由于客观条件的限制,很多学生只是在新授课时才有机会真正接触到游标卡尺(而且中学物理实验室里面通常只有 20 分度的),后期虽也可能会在习题中遇到,但由于没有实际使用的机会,缺乏必要的体验,其学习效果往往远远达不到预期。

针对这一现状,在实际教学过程中,我们试着将这一重难点知识跟学校的校本课程开发结合起来,将它变成一个小的研究课题,给学生提供更充分的研究时间和空间,让他们有机会获得更丰富的体验,使学生的认识得到了深化,取得了较好的教学效果。

下面是教学过程中的几个重点研究片段。

一、展示小组毛坯作品,在交流评价中发现问题

在学习游标卡尺的课上,学生已经初步了解了 10 分度游标卡尺的测微原理,并开始以研究性学习小组为单位,着手制作一把简易的、精确度为 0.1 mm 的游标卡尺。本节课上,我们首先选择了三个不同小组的成员代表来展示他们的毛坯作品(图 6-1、图 6-2、图 6-3 所示),重点是介绍游标卡尺的制作过程及测微原理。

在随后的交流评价环节,学生发现了如下问题。

学生 1:图 6-1 中对应的小组成员是按照 1∶1 的比例进行制作的,对于测微原理的描述很清楚,但游标尺上每小格长度为 0.9 mm,他们无法用普通的刻度尺将该长度准确画出,再加上他们所使用的水笔线条较粗,在画

图 6-1　1∶1 游标卡尺

线时也会产生一定的误差。

学生2：图6-2和图6-3中对应的小组成员在制作游标卡尺时应该是考虑到了图6-1中0.9 mm这一长度无法用普通刻度尺准确画出这个问题，他们分别按照1∶10和1∶30的比例进行了放大，这样一来，所画刻度虽然相对准确，但由于进行了放大，当游标卡尺上第1根刻度线与上面某条刻度线对齐时，实际对应的长度已然不是0.1 mm，而是1 mm和3 mm，这就意味着这两把尺的精确度也相应放大了10倍和30倍，此时还比不上普通刻度尺的测量精度，因此，这两把尺不具备实用价值，无法进行实际测量。

图6-2　1∶10 游标卡尺　　　　图6-3　1∶30 游标卡尺

二、提出初步解决方案，在二次制作中加以验证

在学生进行了充分的交流和评价的基础上，教师适时抛出问题进行小组讨论：看来，如果要做出一把能够实际使用（即比例为1∶1）的游标卡尺，我们需要重点解决的问题就是如何比较准确地画好游标尺的刻度线，你们能想出哪些解决方案呢？

小组讨论非常热烈，教师参与各小组的讨论，并适当给予指导。

学生3：我觉得关键在于如何把游标尺卡上9 mm的总长度均分成10份。

学生4：最好用铅笔画，因为铅笔头可以尽量削得尖一些。

学生5：我觉得可以用计算机画，利用计算机上面的"均分行"功能，只要把10行的总长度设置成9 mm，这样打印出来就能保证游标卡尺上每小格长度都是0.9 mm了。（全班同学禁不住开始热烈鼓掌）

学生6：用计算机画线时要注意尽量把线条的"磅值"选得小一点，这其实就跟刚才有同学提到的铅笔头要尽量削得尖一些的道理一样。（又是一阵热烈的掌声）

如图 6-4 所示是通过计算机上"均分行"功能制作后打印出来的游标卡尺，上面放了一把刻度尺进行比较，刻度完全符合预期，只要把上图加以裁剪，就可供多个学习小组使用。主尺也用同样的方法打印了多条供学生使用。图 6-5 所示为老师正在对学生的二次制作过程进行指导。

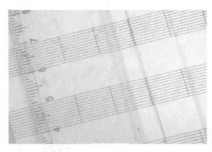 

图 6-4　计算机"均分行"制作游标卡尺　　图 6-5　二次制作游标卡尺过程

三、展示二次制作作品，在交流分享中不断完善

如图 6-6 所示为某小组的二次作品展示，因测微原理已不必再重复，该小组代表更侧重于介绍制作时的注意点：（1）主尺上刻度线最好像平时使用的刻度尺那样每到 5 mm 处线条画得稍长一些，每到

图 6-6　二次制作游标卡尺展示

整厘米处更长一些，这样便于确认读数；（2）游标卡尺的总长度较小，游标卡尺上刻度若从 0 到 10 依次标注的话，根本标不下，而且看起来不够清楚，只需标出 0、5、10 这 3 个刻度即可。

其他小组及时进行了补充，积极与大家分享各自小组的制作体会。

学生 7：主尺和游标卡尺的两张纸带太软，可以将其粘贴到硬一点的纸板上。

学生 8：粘贴的时候要注意使主尺和游标卡尺的边界线最终能紧靠到一起，这样更有助于确认游标卡尺上第几根刻度线与主尺上的某个刻度线的重合情况。

学生 9：我是看过教材后受到一些启发，我们可以在游标卡尺的背面加个细长的硬纸条，这样就可以测量深度；如果加上相应的测量爪，还可以测量内径和外径。

……………

四、引发更深层次思考，在思维碰撞中深化认识

对于图 6-6 所示的游标卡尺，经完善后可以用来进行实际测量，从而进一步帮助学生巩固读数的方法及注意点，也使学生从中获得了充分的体验和巨大的成就感。不过，由于该游标卡尺上的刻度线比较密集，学生在实际使用过程中会出现不易看出到底是游标卡尺上第几根刻度线与主尺上的某根刻度线对齐的情况，由此可以引发学生更深层次的思考：能否让游标卡尺的总长更长一些，而又不改变整把尺的测量精度呢？

经过小组讨论、研究教材、查阅资料等一系列活动，在后续的研究性学习课上，学生提出了可将游标卡尺上 10 小格的总长度制作成 19 mm 或者 29 mm 等方案，并在课堂上进行了第三次制作及作品的展示交流。同时，对于如何进一步提高游标卡尺的精确度这个问题也进行了探讨，在不断地思维碰撞中深化了对游标卡尺的认识。

五、结束语

研究性学习强调尊重学生的自主性，珍视学生的感受、体验和理解，鼓励学生去发现问题，探究解决问题的方法。将课题研究和学科教学进行整合，其实就是一个以研究性学习为核心，以课堂教学为载体，重新构建常规学科教学的过程。它深刻地反映了当前课程改革的特点，必将有力地促进学科核心素养的提高。

第 2 节　量子计算机基本原理

近些年来,量子计算机的出现引起了研究人员的广泛关注,量子计算机在量子信息学中有着非常重要的应用。与传统的经典计算机相比,量子计算机拥有更加突出的解决特殊复杂问题的能力。本课题从量子计算机科普知识入手,带领学生初识量子计算机基本原理,了解量子计算机的基本系统,了解量子领域、量子信息和量子计算,培养学生的科学思维和深入学习物理的兴趣。

一、科普知识

量子计算机相比于传统计算机有着巨大的优势与潜能。从物理学角度来讲,不同的计算装置都可以视为一个物理系统,计算被当作系统的演化过程。量子计算机是遵循量子力学的基本原理实现量子计算,利用量子态的相干性及叠加性完成量子信息处理的物理装置。量子计算机将每个叠加分量的变换等同为经典计算,并且同时执行这些经典计算,然后根据一定的概率相干叠加振幅,获得最终的计算结果。这样的数据处理方式极大地提升了量子计算机的计算效率,这就是量子计算机最大的优势。但是在执行量子运算的过程中,环境和量子比特之间存在相互作用,会导致消相干。消相干的产生将限制量子计算机的规模甚至会导致量子计算过程出错。后来,Shor 算法提出了容错量子计算,解决了因为量子位退相干而导致的计算错误。量子信息的操作与经典信息有很大的不同,经典信息可以轻易实现复制和删除,但是一个未知量子态无法被完全拷贝或删除。

在量子计算机中,一个存储单元称作一个量子位。量子态被用来编码量子计算机的量子信息,计算过程是量子态空间的幺正变换,无论实现逻辑操作的幺正变换多复杂,都可以通过两比特控制非门和单比特 U 门实现。实现任何一种量子计算,都应该满足可扩展性和集成性。将任意比特制备到某一确定的状态,可以实现普适的逻辑门。

二、量子逻辑门的认识

(1) 单比特量子逻辑门。

由于一个量子比特是物理上的二维希尔伯特空间,取它的两个线性独立矢量 $|0\rangle = \begin{bmatrix} 1 \\ 0 \end{bmatrix}$,$|1\rangle = \begin{bmatrix} 0 \\ 1 \end{bmatrix}$ 为基。

(a) 单位门,最简单的单比特量子逻辑门,作用在任意量子比特上会保持原有的性质不变。单位门用投影算符表征为 $I = |0\rangle\langle 1| + 1\rangle\langle 0|$。利用上述基矢量,可以将单位门表示成如下的矩阵形式

$$I = \begin{bmatrix} 1 & 0 \\ 0 & 1 \end{bmatrix}。$$

(b) 非门,可表示为 $X = |0\rangle\langle 1| + |1\rangle\langle 0|$ 的形式,其本质上是一个泡利算符 σ_x 操作,矩阵形式如下

$$X = \begin{bmatrix} 0 & 1 \\ 1 & 0 \end{bmatrix},$$

作用在量子比特 $|0\rangle$ 或 $|1\rangle$ 上会引起翻转,即

$$X|0\rangle = \begin{bmatrix} 0 & 1 \\ 1 & 0 \end{bmatrix} \begin{bmatrix} 1 \\ 0 \end{bmatrix} = \begin{bmatrix} 0 \\ 1 \end{bmatrix} = |1\rangle,$$

$$X|1\rangle = \begin{bmatrix} 0 & 1 \\ 1 & 0 \end{bmatrix} \begin{bmatrix} 0 \\ 1 \end{bmatrix} = \begin{bmatrix} 1 \\ 0 \end{bmatrix} = |0\rangle,$$

这样的门就称作非门 (Not gate)。

(c) 相位门,可表示为 $Z = |0\rangle\langle 0| + e^{i\theta}|1\rangle\langle 1|$ 的形式,其本质上等同于一个泡利算符 σ_z 操作,矩阵形式如下

$$Z = \begin{bmatrix} 1 & 0 \\ 0 & -1 \end{bmatrix},$$

作用在量子比特 $|0\rangle$ 或 $|1\rangle$ 上会引起 $|1\rangle$ 态发生相位翻转,即

$$Z|0\rangle = \begin{bmatrix} 1 & 0 \\ 0 & -1 \end{bmatrix} \begin{bmatrix} 1 \\ 0 \end{bmatrix} = \begin{bmatrix} 1 \\ 0 \end{bmatrix} = |0\rangle,$$

$$Z|1\rangle = \begin{bmatrix} 1 & 0 \\ 0 & -1 \end{bmatrix} \begin{bmatrix} 0 \\ 1 \end{bmatrix} = \begin{bmatrix} 0 \\ -1 \end{bmatrix} = e^{i\theta}|1\rangle,$$

这样的门就称作相位门 (Phase gate)。

(d) Hadamard 门,是单比特逻辑门操作中一个十分重要的门,在

量子信息处理中使用频率很高。在进行量子态操作时，一个 Hadamard 门可以同时实现非门和相位门的效果。Hadamard 门可以表示为

$$H = \frac{1}{\sqrt{2}}[(|0\rangle+|1\rangle)\langle 0|+(|0\rangle-|1\rangle)\langle 1|]$$

$$= \frac{1}{\sqrt{2}}(X+Z)$$

的形式。矩阵形式如下

$$H = \frac{1}{\sqrt{2}}\begin{bmatrix} 1 & 1 \\ 1 & -1 \end{bmatrix}。$$

作用在量子比特 $|0\rangle$ 或 $|1\rangle$ 上会使得量子比特由基态演化到叠加态，即

$$H|0\rangle = \frac{1}{\sqrt{2}}\begin{bmatrix} 1 & 1 \\ 1 & -1 \end{bmatrix}\begin{bmatrix} 1 \\ 0 \end{bmatrix} = \frac{1}{\sqrt{2}}\begin{pmatrix} 1 \\ 1 \end{pmatrix} = \frac{1}{\sqrt{2}}(|0\rangle+|1\rangle),$$

$$H|1\rangle = \frac{1}{\sqrt{2}}\begin{bmatrix} 1 & 1 \\ 1 & -1 \end{bmatrix}\begin{bmatrix} 0 \\ 1 \end{bmatrix} = \frac{1}{\sqrt{2}}\begin{pmatrix} 1 \\ -1 \end{pmatrix} = \frac{1}{\sqrt{2}}(|0\rangle-|1\rangle)。$$

（2）两比特量子逻辑门。

（3）三比特量子逻辑门。

三、常见的实现量子计算的系统

（1）离子阱方案。

（2）线性光学元件方案。

（3）腔量子电动力学（QED）方案。

（4）核磁共振方案。

（5）固态量子体系方案。

四、结束语

量子计算机未来还会有很大的发展空间，超导量子器件还可以继续被探索，并会在未来科学技术中发挥更大的作用。绝热捷径技术虽然对科学研究有着重要的推动作用，但是仍然存在着很大的局限性。希望未来的工作中，可以加深这方面的研究，提出更多更好的方案实现量子逻辑门操作。

第 3 节　基于科学史的探究性教学
——以"生物膜的流动镶嵌模型"为例

一、教学目标

（1）利用科学史实验资料，设计学生的探究任务，学生在完成任务的过程中模拟科学家对细胞膜的探索历程，培养学生的科学思维能力。

（2）通过问题驱动和构建模型，激发学生的学习内驱力，培养学生的建模能力和解决问题能力。

（3）了解科学家对细胞膜结构的探索历程，培养学生敢于质疑的科学精神，并认同科学是在不断探索中完善的。

二、教学内容

【引入】教师展示一系列材料，组织学生以小组为单位对材料进行辨析，并根据回答情况进行补充。① 将细胞与外界环境分隔开。展示一个生鸡蛋，并指出：鸟类的卵细胞是自然界中较大的细胞，未受精鸡蛋的蛋黄可看作一个卵细胞。打破鸡蛋外壳，将蛋清和蛋黄倒入培养皿中。请学生用手轻触或针扎鸡蛋黄并观察：鸡蛋黄与蛋清之间被什么样的结构分隔开。进一步指出：卵黄膜就是卵细胞的细胞膜。引导学生思考：卵细胞的细胞膜在细胞的生命活动中起什么作用。② 控制物质进出细胞。教师展示用台盼蓝染液染色后的死细胞和活细胞的照片，讲解台盼蓝染液染色的原理并提出问题：这个实验体现了细胞膜的哪个功能？③ 进行细胞间的信息交流。教师展示"胰岛素分泌过程"的图片并提出问题：这个过程体现了细胞膜的哪个功能？教师展示资料和图片并提问：海洋中的生物进行繁殖时，将精子和卵细胞排到水中，海水中有很多生物的精子和卵细胞，为什么只有同种生物的精子和卵细胞能结合？教师展示植物胞间连丝并提出问题：植物细胞间能不能进行信息交流？

【学生活动】分小组思考并讨论问题。

【交流分享】交流讨论，引导学生认识细胞膜的功能。

【学生回答】请每小组推举1人回答。

【教师点拨】根据结构和功能相适应的生命观念，分析细胞膜到底有怎样的结构。

探究活动一 对细胞膜成分的探究

【资料展示】展示科学史资料：早在19世纪末，欧文顿通过细胞膜的通透性实验，观察到一些现象。用动画展示实验现象，请学生描述实验现象。欧文顿根据观察到的实验现象及相似相容原理提出了一个假说。

【教师点拨】凡是分子结构相似的物质，都是易于互相溶解的，这叫作相似相溶原理。假如你是欧文顿，你会得出什么结论呢？

【资料展示】展示科学史资料：细胞膜成分分析柱形图，20世纪初，科学家将细胞膜从哺乳动物的成熟红细胞中分离提取出来，经过化学分析，发现膜的成分主要是脂质和蛋白质，还含有少量糖类。该结果是否支持欧文顿的假说？

【交流分享】学生描述实验现象：溶于脂质的物质比不溶于脂质的物质更容易通过细胞膜。膜是由脂质组成的。

【思维提升】培养严谨的科学思维。

探究活动二 对细胞膜结构的探索

【师生问答】细胞膜的这些成分是如何有机结合构成细胞膜的？

【图片展示】展示磷脂分子的结构图，讲述磷脂分子的特点。

【教师点拨】磷脂分子的头部是由磷酸、甘油和含氮部分组成，由于这些基团是亲水基团，因此磷脂的头部表现出亲水性，而磷脂的尾部是由两条脂肪酸链构成，是疏水的。

如果将头部亲水、尾部疏水的磷脂铺展在空气-水界面，大家想象一下磷脂分子会如何排布？

【学生活动】学生结合资料思考问题，并在草稿纸上画出磷脂的排列情况。

【资料展示】展示科学史资料：1925年，两位荷兰科学家用丙酮从人的红细胞中提取脂质，在空气-水界面上铺展成单分子层，测得单分子层的面积恰为红细胞表面积的两倍。从这个实验现象，你们可以得出什么结论？

【学生回答】细胞膜中的磷脂分子必然排列为连续的两层。

【教师点拨】细胞膜的两侧都有水存在，同学们尝试着大胆地推测和想象一下在这样的环境中，两层磷脂分子在细胞膜中可能是怎样排布的呢？

【学生活动】根据资料并猜想，画出两层磷脂分子的排布情况。

【教师点拨】根据相似相溶原理，磷脂分子应该是尾对尾排列的，亲水头部分别朝向细胞内和细胞外。在细胞上的排布已经基本弄清楚了，主要是由磷脂构成的双分子层。

探究活动三 蛋白质位于细胞膜的什么位置呢？

【资料展示】展示科学史资料：1959年，罗伯特森用超薄切片技术获得了清晰的细胞膜在电镜下的照片。（展示电镜下的暗—明—暗照片）电子成像原理（补充说明）：电子束照射大分子物质时，散射度高，较暗；照射小分子物质时，散射度低，较亮。联系到我们前面所学知识，蛋白质是大分子，而磷脂是小分子，大家会得出什么结论？请画出蛋白质在细胞膜上的位置。

【学生活动】根据电镜照片，学生画出蛋白质在磷脂双分子层上的相对位置。

【交流分享】解释摆放理由，两边的暗层是蛋白质，中间的亮层是磷脂。

【教师讲述】研究表明，蛋白质也表现出亲水和疏水的倾向。构成蛋白质的氨基酸的侧链基团有的亲水，有的疏水。若疏水基团藏于内部，而亲水基团主要分布在外围，则该蛋白质亲水；反之亦然。有的蛋白质部分亲水，部分疏水。你是否赞同罗伯特森的"三明治"模型？如果不赞同，请修正该模型。

【学生建模】学生画图，修正蛋白质的位置。

【交流分享】引导学生总结，蛋白质在膜上的分布是不对称的，蛋白质在磷脂双分子层上的排布有三种情况：镶在表面、嵌入其中、贯穿整个磷脂双分子层。

【思维提升】搭建思维的"脚手架"，帮助学生一步一步构建模型，不断修正模型，培养学生的批判性思维。

【展示视频】"变形虫变形运动"和"吞噬细胞吞噬作用"的动画视频。

【教师讲述】除了蛋白质的分布情况外，罗伯特森的静态模型还存在一些问题，它无法解释一些生命现象，假如细胞膜是一种静态的结构，这些生命现象就无法解释，因此需要进一步的实验验证。

【思维提升】引发认知冲突，激发学习兴趣，培养质疑的科学精神。

【展示资料】展示 1970 年荧光标记的鼠细胞和人细胞的融合实验。请描述这个实验的现象，并思考通过这个实验可以得出什么结论。

【交流分享】人细胞膜蛋白和鼠细胞膜蛋白发生了融合，说明细胞膜上的蛋白质是运动的，而不是静止的。

【拓宽视野】随着技术的发展，科学家发现，不仅膜上的蛋白质是可以运动的，膜上的磷脂分子也是可以运动的。介绍磷脂分子的多种运动形式。

【思维提升】事实证据表明，让学生认识静态模型并不科学，细胞膜具有流动性。提高学生的证据意识，从而培养学生的科学思维。

【课堂小结】经过科学家近百年的努力，人们对细胞膜的认识一步一步深入。直到 1972 年，辛格和尼科尔森总结前人的研究成果，并结合自己的研究，提出了"流动镶嵌模型"，为大多数人所接受。引导学生总结流动镶嵌模型的要点。通过播放流动镶嵌模型的动画视频，加深学生对生物膜的流动镶嵌模型的认识。

三、学业要求

（1）能列举探索生物膜的流动镶嵌模型过程中的关键实验及相应的科学家，说出其对推动科学发展做出的贡献。

（2）通过探究建立生物膜模型，认同结构与功能相适应的生命观念和观点。

（3）提高学生的问题意识和证据意识，能做出猜想与假设，能依据实验现象进行分析和推理，得出合理的结论，形成良好的科学思维。

（4）培养敢于质疑的科学精神，认同科学是在不断探索中完善的，提高学生对生物学的学习兴趣。

第4节 基于科学探究的高中生物课堂探索
——以"生物膜的流动镶嵌模型"为例

一、教学目标

（1）通过体验细胞膜成分的实验分析、流动镶嵌模型的探究历程，得出推论。

（2）将推论结果结合真实实验现象，运用模型构建生物膜的流动镶嵌模型。

（3）通过生物膜探究中提出的功能与结构相适应的观点，逐步修正、完善生物膜的流动镶嵌模型。

二、教学内容

【导入】PPT展示构建真核细胞细胞膜模型的三种材料：塑料袋、普通布、弹力布。

【教师提问】

（1）结合细胞膜的功能，你觉得哪种材料更好？为什么？

（2）是否有更好的材料构建细胞膜呢？

【学生活动】回答：（1）弹力布，有弹性，可进行物质的运输等功能；（2）不知道。

【资料分享】细胞膜成分的探索：1895年，欧文顿用500多种化学材料，对植物细胞膜进行了上万次的实验，归纳出一个现象。

【教师提问】

（1）由图你能得出什么结论呢？

（2）提供相似相溶原理的知识补充，由此可以得到什么推论呢？

【学生活动】回答：（1）不溶于脂质的物质不易进入细胞，溶于脂质的物质容易进入细胞；（2）细胞膜由脂质组成。

【教师提问】推理是否一定准确呢？又该如何验证呢？

【资料分享】20世纪初，细胞膜成分探索实验得出细胞膜中含有脂质，包括磷脂和胆固醇，其中磷脂含量较多。讲述磷脂分子的结构特点，根据磷脂分子的结构特点，在水-空气界面上排布磷脂分子单层结构模型。

【学生活动】回答：不一定。可以通过实验，以小组为单位构建单层磷脂分子排布模型。进行实验展示。

探究活动一 探究细胞膜中磷脂分子的排布

【资料分享】1925 年，荷兰科学家用丙酮将红细胞膜中的磷脂分子提取出来，在空气-水的界面上排布单层磷脂分子，测得单层分子的面积恰为红细胞膜表面积的两倍。

【教师提问】为什么会这样呢？依此，你又有什么推测呢？

【教师点拨】研究发现，磷脂分子在水中总是自发地形成双分子层。细胞膜两侧均是以水为基础的环境。

【学生活动】阅读材料，并思考：细胞膜有两层磷脂分子。

以小组为单位，构建细胞膜的双层磷脂分子模型，小组展示、互评、修正。

【思想提升】培养学生假说-实验验证、构建模型的思维，小组合作，小组展示点评并充分交流。

探究活动二 探究细胞膜中蛋白质分子的排布

【教师提问】除了磷脂以外，细胞膜有没有其他成分呢？

【资料分享】1935 年，丹尼利、戴维森研究细胞膜的表面张力，发现细胞膜的表面张力明显低于油-水界面的表面张力。提示：油脂滴表面如果吸附有蛋白质成分，则表面张力会降低。提问：依此，你能得出什么推断呢？

【学生活动】阅读资料，得出推论：细胞膜除含有脂质分子外，可能还附有蛋白质。

【教师提问】蛋白质和磷脂分子又是如何排布的呢？

【资料分享】20 世纪 40 年代，有很多科学家也在猜测其是否按照脂质—蛋白质—脂质这样的顺序排列，但是一直没有证据。随着电镜技术的发展与成熟，1959 年，罗伯特森将细胞膜纵切，在电镜下观察到暗—亮—暗的三层结构。知识点补充：电子枪发射电子束，样品内致密处，透过的电子量少，亮度较亮；反之则较暗。

【教师提问】由此，你能得到什么假说呢？

【学生活动】阅读资料，思考：蛋白质和脂质的排布方式是蛋白质—脂质—蛋白质三层结构。

【教师提问】那么这样的结构是否科学呢？

【教师点拨】给出实际测量结果和模型结果，得出矛盾。

【资料分享】冷冻蚀刻电镜技术给予实际的结果，蛋白质是以镶在、嵌入、贯穿方式与磷脂双分子相结合。

【教师点拨】修正静态模型。展示冷冻蚀刻的图片进行校对。

【学生活动】发现矛盾点，思考原因。

【思想提升】分析实验结果，得出真正的结构布局。教师不直接判断学生的正误，通过对材料的进一步补充和分析引导学生发现矛盾点，进一步激发学生的探究性思维，培养学生的科学思维能力。

探究活动三　修正细胞膜的流动镶嵌模型

【Flash 播放】播放变形虫吞噬草履虫的动态图，T 细胞攻击癌细胞的动态图，罗伯特森的三层静态模型无法解释以上现象。

【资料分享】1970 年，荧光标记蛋白质验证蛋白质具有运动的特点，同时展现磷脂分子的运动方式。

桑格和尼克森在 1972 年提出流动镶嵌模型，被人们广泛接受。

【学生活动】观察 Flash 动画，得出结论：细胞膜具有流动性；通过实验得出结论：蛋白质可以运动且结合磷脂分子可运动；证实细胞膜具有一定的流动性。

【思维提升】流动镶嵌模型是否完美无缺呢？从结构决定功能的角度讲，还有哪些问题没有解决呢？

【资料分享】提供通道蛋白、糖类等阅读资料，进一步修正细胞膜的流动镶嵌模型。

【学生活动】阅读材料，分析通道蛋白、糖类分子的排布位置，小组合作，展示、互评。

【学生总结】在黑板上展示完整的细胞膜流动镶嵌模型图，总结相关知识点，并发散到生物膜的流动镶嵌模型。

【思想提升】让学生自主阅读教材，培养学生自主学习、分析材料的能力，解决矛盾冲突。通过材料分析完善流动镶嵌模型，小组互评，发现问题所在。通过对生物膜的流动镶嵌模型建立的回顾，感受科学家严谨探究的科学态度和缜密建模的科学方法。

三、学业要求

(1) 体验细胞膜成分的实验分析、流动镶嵌模型的探究历程,得出推论。将推论结果结合真实实验现象,运用模型构建生物膜的流动镶嵌模型。提升学生科学探究和分析问题的能力。

(2) 具有较强的问题意识,能提出科学探究问题,做出猜想与假设,能依据实验现象进行分析和推理,得出合理的结论。

(3) 提升学生对科学本质的理解能力,增进对生物科学的兴趣,促进学生树立学习和研究生物学的志向。

第5节 基于培养生物科学素养的高中生物课堂探索
——以"基因突变和基因重组"为例

一、教学目标

（1）通过典例分析，自主归纳基因突变的定义，并说明其分类。
（2）通过材料分析及实际生活，说明基因突变的特点和原因。
（3）通过视频材料，感受基因突变的意义。

二、教学重难点

通过材料自主分析、归纳总结基因突变的概念和意义。

三、教学内容

【复习】

$$DNA（基因）\xrightarrow{转录} RNA \xrightarrow{翻译} 蛋白质（性状）$$

基因通过对蛋白质的控制进而控制生物体的性状。

【设计意图】通过复习以前的知识，构建学生的知识桥梁，有利于学生形成完整的知识体系，提高对知识的掌控力。

【导入】遗传伴随变异，性状由亲代传递到子代时，会不会一成不变呢？

【小组合作】结合实际生活经验及书本内容，探讨生物亲子代间或子代与子代之间性状出现差异的现象。

【教师点拨】变异的概念与类型。

探究活动一 变异的类型

【导入】运用多媒体（幻灯片）展示一组图片，分别是一对黑人夫妇生出白化病小孩、不同品种玉米、带字苹果。提问：以上变异均能遗传给子代吗？为什么？

【教师归纳】变异分为可遗传和不可遗传两种，其中可遗传的变异是生物变异的主要类型。它的来源主要有三个方面：基因突变、基因重组和染色体变异。

【提出问题】什么是基因突变？基因突变是怎么产生的？又怎样导致生物变异呢？

【学生活动】学生合作讨论基因突变的概念、原因。

【课堂延伸】日常生活中如何降低基因突变的发生？哪些场所更应该注意自身的防护？

【科学家素养】通过引导学生自主进行材料分析，培养学生的信息提取能力、归纳能力；通过与现实生活的联系，培养学生的社会责任感，树立正确的生命观念。

探究活动二　基因突变概念

【导入】PPT展示关于正常的红细胞基因突变形成镰刀型细胞贫血症的内容，观察正常和异常红细胞分别是什么形状。大家都知道，性状是由蛋白质来体现的，我们先来看正常血红蛋白与镰刀型血红蛋白的氨基酸的组成。

【教师提问】两者有什么区别呢？

【学生活动】回答：正常的是谷氨酸，异常的是缬氨酸。

【课堂任务】根据课本65页密码子表查询，找出谷氨酸和缬氨酸的密码子，完善课本81页思考与讨论，找出病因，同时得出直接原因与根本原因。

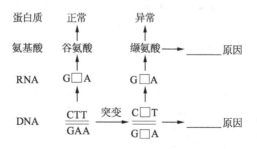

设问：基因结构改变除了碱基对的替换，还会不会有其他可能呢？

【教师点拨】总结基因突变的概念：基因突变是染色体的某一个位点上基因的改变。

【课题延伸】突变后的基因与原来的基因不是同一个基因，基因突变产生新的基因。用PPT展示不同性状的花朵，引导学生理解基因突变使一个基因变成它的等位基因的原因。结合扩展例题GTA突变GTG，利用密码子表查找突变前后的氨基酸，结果都为组氨酸，引导学生理解基因突变不一定改变生物的性状。

【科学家素养】生物学科学素养不仅体现在对知识的汲取上，更体现在对知识的运用上，通过活动探究，引导学生利用已有知识自主解决课堂外的问题，达到触类旁通的效果。

探究活动三 基因突变的原因、特点和意义

【小组讨论】

（1）引起基因突变的外因有哪些？基因突变也会自发地产生吗？

（2）基因突变有哪些特点？并对各个特点进行说明。

（3）既然基因突变大多有害，那么有什么意义呢？

【学生活动】学生，选出分组代表回答上述问题。

【教师点拨】教师总结：基因突变的原因、特点和意义。

【课堂小结】

（1）基因突变概念；

（2）基因突变原因；

（3）基因突变特点；

（4）基因突变意义。

【课后延伸】教师布置课后任务：

（1）生活中有哪些常见的基因突变？

（2）应该怎样认识生命的复杂性和协调性？

（3）对于有基因疾病的患者，我们应该如何对待？

【科学家素养】通过课后延伸任务，提高学生对生物学学习的兴趣和探究能力，培养学生的社会责任感和生命观念。

第6节 基于虚拟现实技术，培养中学生地理核心素养的应用

——以"地球的宇宙环境"为例

一、课标分析

《普通高中地理课程标准（2017年版）》中对本节的内容要求是：运用资料，描述地球所处的宇宙环境。教学提示中也提到要充分利用地理视频、虚拟技术、地理信息技术及其他资源支持教学。也即需要创设一定的教学情境，帮助学生了解地球所处的宇宙环境。

二、教材分析

本节内容是整个高中地理的第一节课，在整个地理课程的教学中具有十分重要的作用。成功地进行该节课的授课，可以极大地引起学生对地理课的兴趣，激发学生对地理学习的热情。

本节内容从人类所在的地球着手，学习生活中的地理，生活中的切身感受有助于激发学生的好奇心。本节内容分为"人类对宇宙的认识""多层次的天体系统""普通而特殊的行星——地球"三部分。通过本课的学习，学生需要明确地球在天体系统及太阳系中所处的位置，并通过与其他天体的对比，明白地球的一般性与特殊性，进而对宇宙环境有较为全面的认识。本节分为两个课时，本文的教学过程涉及的是第一课时的教学设计。

三、学情分析

高一学生的地理基础知识比较薄弱，对天文知识的了解甚少，且该时期学生的抽象思维能力、空间思维能力还不是很强，很难切身地感受宇宙、太阳系及地球的魅力，也就难以更为全面地认知地球所处的宇宙环境。同时由于这是高中地理的第一节课，所以一定要突出地理课的趣味性及实践性，化抽象为具体，引起学生对地理学习的兴趣。

四、教学目标

（1）理解天体、恒星、行星、天体系统、太阳系、地月系等基础概念。

（2）能用框图说明天体系统的分层，并说明地球所处的宇宙环境。

（3）能用相关的资料说明地球的一般性与特殊性。

五、教学重难点

重点：天体、恒星、行星、天体系统、太阳系、地月系等基本概念；天体系统的分层；太阳系、地月系。

难点：说明地球的一般性与特殊性。

六、教学方法

情境教学法、合作学习法、自主探究法。

七、教学媒体

手机、VR眼镜、多媒体投影。

八、教学过程

【导入】很久以前，人类便对头顶的这片天空充满好奇，并利用自己的智慧和幻想对一些自然现象进行解释，如天圆地方、牛郎织女鹊桥相会等。那么现实世界中，这些现象究竟是怎样产生的呢？

【教师提问】除了我国，其他国家的人民也在很早之前就展开了对宇宙的幻想和探索，阅读相关材料（古埃及宇宙观、古印度宇宙观、托勒密地心说、哥白尼日心说、宇宙大爆炸理论），分组交流讨论，并派代表说一些你们知道的宇宙知识或神话传说。

【学生回答】嫦娥奔月、女娲造人、后羿射日……

【设计意图】将传说与科学相联系，在丰富学生知识的同时，吸引学生注意力，使学生的注意力集中于课堂。

【新课环节】学生通过对天体知识的认识，激发学习兴趣。

【教师提问】人类认识宇宙的路程漫长而曲折，尽管随着科技的发展，人类对宇宙空间的探索范围越来越大，但对于宇宙的认识仍然十分有限。天文学家把人类已经观测到的可见宇宙范围估计为140亿光年，但对于整个宇宙来说仍是"沧海一粟"。那么，在我们可见的宇宙中又存在着什么呢？

【学生回答】月亮、彗星、太阳……

【教师提问】这些我们可以统称为天体，那么什么是天体？天体都有哪些类型？各有什么特点呢？

【资料分享】通过多媒体图片展示与讲解：星云、恒星、行星、卫星、彗星、流星等。

【学生总结】几种常见天体的比较。

【设计意图】通过教师的引导及图片展示，学生能认识宇宙中的相关天体，初步了解宇宙中存在的天体。

探究活动一

【导入】我们都知道我们所在的地球很大，刚才我们已经认识了不同的天体，那么地球和这些天体相比到底谁大呢？和银河系、宇宙相比谁大呢？地球在宇宙空间中又处于怎样的位置呢？

【教师点拨】用VR眼镜观察宇宙中存在的天体，并比较各天体之间的大小（图6-7）及银河系的大小（图6-8）。VR视频资源来自爱奇艺《宇宙有多大》（VR版）。

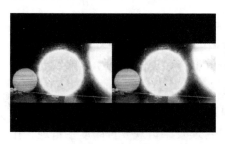 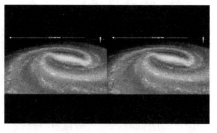

图6-7　各天体之间的大小比较　　　　图6-8　银河系的大小

【学生观察】了解各天体之间的大小关系及宇宙的浩瀚，并感悟地球的渺小。

【设计意图】学生通过对VR设备的操作及相关VR体验，培养地理实践能力，并可通过观察VR视频，了解地球在宇宙中所处的位置。

【教师过渡】人类认识宇宙的路程漫长而曲折，尽管随着科技的发展，人类对宇宙空间的探索范围越来越大，但对于宇宙的认识仍然十分有限，从最初的了解地球本身到了解地球所处的宇宙环境。接下来让我们化身天文学家,一起来探索地球及宇宙的秘密。

探究活动二

【导入】晴朗的白天和夜晚,在天空中,我们能看到的最显著的天体分别是太阳和月亮,那么地球与它们在宇宙中是怎样的关系呢?这种关系又产生了哪些自然现象呢?

【学生观察】学生用VR眼镜观察宇宙中太阳、地球及月球之间的运动及其产生的自然现象(图6-9)。VR视频资源来自橙子VR《地球与太阳》。

图 6-9　地球、太阳、月球的运动

【设计意图】通过VR视频观察,培养学生的观察能力,将学习与生活联系起来,更有利于学生理论联系实际。

【教师过渡】如上述问题中月球围绕地球旋转、地球围绕太阳旋转一般,天体与天体之间并不是孤立存在的,它们之间通过相互吸引、相互绕转,最终形成了一定的天体系统。

探究活动三

【导入】下面通过视频,我们一起来观察地球所处的宇宙空间及其所处的不同层次的天体系统。分组讨论并根据你的理解,将地球所处的不同层次天体系统以框图的形式画出来。

【学生活动】学生通过观察及相互间的讨论获取信息,能正确地描述各天体系统之间的关系,描述地球所处的位置,并经过讨论后派代表发表看法。

【设计意图】通过观察及对相关问题的分析、讨论,培养学生的综合思维。

探究活动四

【导入】我们知道地球隶属于地月系、太阳系、银河系。地月系中,月球围绕地球转动；在太阳系中，八大行星又是怎样围绕太阳旋转的呢？

【教师点拨】播放太阳系八大行星绕太阳旋转的模拟动画。

【学生观察】观察八大行星绕太阳运行轨道的顺序并进行总结。

【设计意图】通过视频，更加直观地让学生了解地球所处的宇宙环境。

【课堂小结】运用多媒体技术展示教学思维导图，引导学生回顾课堂中学习的相关知识。

【教师总结】通过本节课的学习，我们应该都知道天圆地方、牛郎织女鹊桥相会等自然现象的产生原因，虽然这些说法都不具有科学性，但这些毕竟是我国古代劳动人民浪漫而富有想象的作品，也是值得我们珍惜的文化瑰宝。

【本节分析】本节课中，学生可以通过VR眼镜观察虚拟环境，并与虚拟环境进行互动体验，以第一人称视角欣赏美景并进行相关操作，更好地观察和感悟，潜移默化地培养行动意识及行动能力。运用所学的地理知识和技能，在虚拟环境中观察、感悟、理解也是学以致用的一种体现，同时也是培养学生地理实践能力的一种途径。学生通过VR眼镜观察，对地球所处的宇宙环境及相关自然现象的产生原因进行探讨，激活了思维；在教学过程中教师秉持帮助、引导、启发的原则，让学生通过自主探究的形式，积极参与课堂互动，营造良好的课堂氛围，激发学生探究的欲望，这也是发展学生地理核心素养的有效途径。在教学中综合使用各种教学媒体，发挥其各自的优势，营造良好的教学环境，从而有效地培养学生的地理核心素养。

第 7 节 基于虚拟现实技术,培养中学生地理核心素养的应用
——以"极地地区"为例

一、教材分析

本节是世界地理的最后一节,前面已经学习了世界各地的基本情况,而极地是最独特、最神秘的地区。本节内容主要包括"独特的自然环境""科学考察的宝地""极地地区的环境保护"三个部分。在授课过程中,可以围绕极地的"寒冷"这一主题进行教学。极地特殊的自然环境,形成了当地特有的自然资源,如冰川、动物等,寒冷使得那里人烟稀少,也因此留下了丰富的矿产资源及保留了原始的自然环境,吸引了世界各地的科学家。但科学家和开发者的到来必然会打破这里的宁静,极地地区应该如何开发、利用?科学家在考察时应该注意什么问题?人们应该怎样对待这片洁净的土地?这是人们正在面临的严峻问题。三个问题层层递进,从了解知识到树立可持续发展的观念,使学生对极地地区有更为全面的了解。

二、学情分析

高二年级的学生,已经具有一定的地理基础知识。对于世界,他们已经有了一定的认知,但受学业压力、经济水平、安全等因素的影响,大多数学生可能还没去过世界上的很多地区,仅是通过网络等媒体获取相关信息。因此在教学中需要设计大量的教学情境,在教学过程中要尽可能地化抽象为具体,才能激发他们学习的兴趣。这个阶段的学生已经具备了一定的逻辑思维能力、综合分析能力,可以在教学中培养他们的综合思维能力。

三、教学目标

(1)通过学习,学生能够区分南北两极地区的位置、范围、气候差

异和资源状况。

（2）通过学习，学生应树立爱护环境、保护资源的意识，初步形成可持续发展的观念。

四、教学重难点

重点：南北极的位置、气候、自然环境、自然资源等。

难点：判断南北极的方向，能够辨别周围的环境，能够区分两极自然环境的差异。

五、教学方法

情境教学法：用虚拟现实技术创设虚拟情境，让学生在情境中探究学习。

合作探究法：结合虚拟现实视频、Google Earth 及教材图片，探究合作学习的方法。

六、教学媒体

手机、VR 眼镜、电子白板。

七、教学过程

【导入】本节是世界地理的最后一节，内容涉及世界所有地区中最神秘的地方。通过前面知识的学习，学生应该已经知道如何对一个地区进行分析，故可以用自主探究的形式让学生自主地进行学习。

【教师提问】我们了解了那么多地区和国家的地理环境及独特的风景，但是还没有了解最神秘、最寂静的极地，正因为大家都没见过，所以肯定都对这个地方充满着向往。提到南北极，大家都能想到什么呢？

【学生回答】冰山、雪山、企鹅、北极熊、极光、科学考察团。（同时准备好手中的 VR 设备）

【设计意图】通过相关词汇，引发学生思考，集中学生注意力，让学生联想相关情境。

【新课环节】学生通过在虚拟视频里全方位地观察，建立对极地的印象。

探究活动一

【导入】接下来就让我们一起经历一场奇妙的极地之旅吧！途中大家看到了什么，有什么想法可以告诉同伴并记录下来。首先我们一起来欣赏一下南极的美丽风景（图6-10、图6-11）。

【学生活动】学生戴好VR设备，并进行观察（学生从VR设备里看到了南极的整体自然环境和独特景观），在观察的同时，记录下所看到的内容。VR视频资源来自橙子VR《你好南极，你好企鹅先生》。

图6-10　南极企鹅

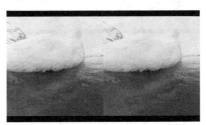
图6-11　南极冰山

【设计意图】基于同学们对于VR虚拟旅行的好奇，让学生沉浸在极地的虚拟环境里，感受极地的自然风光，形成初步的印象，在虚拟环境的观察中培养地理实践能力与区域认知素养。

探究活动二

【导入】接下来，我们一起欣赏北极的独特风景并记录下你的所看、所想。VR视频资源来自橙子VR《探索北极》（图6-12、图6-13）。

图6-12　北极浮冰

图6-13　北极熊

【设计意图】在观看南极景观之后，观看北极景观，找出它们的相同之处和不同之处。在培养学生区域认知素养的同时，初步培养学生的综合思维。

探究活动三

【导入】Google Earth操作展示南北极（图6-14、图6-15），并结合南极地区和在 VR 眼镜中看到的景象，讨论南北极有什么不同。

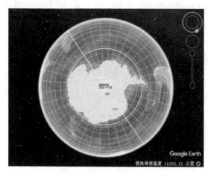

图 6-14　南极

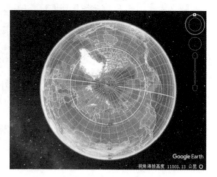

图 6-15　北极

【学生讨论】小组合作讨论，并汇报讨论成果，从南北极位置、范围、环境及特有动物方面展开汇报。

【设计意图】通过操作 Google Earth 环节培养学生地理实践能力，并通过观察思考环节培养学生的综合思维能力。

【教师过渡】相信大家通过刚才的视频可以感受到极地的寒冷，正是这种特殊气候，使极地存在许多特有的资源，也导致了在那里居住的人很少，同时使很多矿产资源和原始的自然环境得以保存，并吸引了大量的科学家前往研究。

我国对极地研究的脚步从来没有停止过，接下来我们就一起观看 2019 年 1 月 19 号，"雪龙"号第 35 次在南极考察执行任务的相关视频《中国第 35 次南极科学考察》，了解人们对极地资源开发的重视。

【设计意图】以动态的视频辅助教学，这种更具趣味的学习方式，既能培养学生的爱国主义情感，同时也培养了学生的人地协调观。

【图片展示】以图片展示的形式，让学生看到极地环境被破坏造成的影响。人类活动对极地环境的破坏，使地球上为数不多的净土也将消失，届时，我们将无法欣赏到极地的那些美景。那么为了避免这种悲剧的发生，我们应如何避免呢？大家可以分组讨论，并派代表发表本组的观点。

【设计意图】培养学生环境保护的意识及人地协调观素养。

【课后探究】南极有南极企鹅，北极有北极熊，那么为什么不是南极有熊，北极有企鹅呢？

【学生思考】课后查阅相关资料，寻找答案。

【设置意图】激发学生探究的欲望，同时通过课后查阅相关资料，培养学生自主探究、搜集信息的能力。

【本节分析】本节重在培养区域认知素养。由于中学生生活成长的环境相对简单，他们对于世界的认知绝大多数来源于教师提供的信息。在传统教学过程中，静态的图片或动态的视频提供的资料，都是以第三人称的视角进行描述，学生没有亲历感。VR 眼镜的使用，可以为学生创设很好的学习情境，使其在虚拟的环境中通过自己的观察，建立对环境的认知。通过这种方式，可以极大地提高学生的学习兴趣，让学生置身其中，对诸多无法到达的地区和环境进行观察。学生通过 VR 眼镜观察虚拟环境，并与虚拟环境进行互动体验，以第一人称视角旅行或欣赏美景并进行相关操作，潜移默化地培养了学生的行动意识及行动能力，以及人地协调观和地理实践能力。

第7章

延伸提高类课程校本化案例

第 1 节 无人机飞行及航拍操作

一、设计目标

(1) 认识无人机及其实际用途。
(2) 熟练掌握飞行操作和无人机航拍。

二、课前准备

(1) 从飞行器中取出智能飞行电池充电,并对飞行遥控器及手机进行充电。首次使用需要给飞行电池和遥控器充电进行激活。
(2) 用手机下载 DJI GO 4 App 软件,并注册大疆会员。

在操作飞行器的同时,飞行器必须与手机中的 DJI GO 4 App 连接,手机与遥控器进行有线或无线连接。这样可以通过手机软件控制飞行器飞行和选景拍摄,以及遥控其他飞行功能。

(3) 备好飞行器前机臂、螺旋桨叶和保护罩。

三、组装无人机

第一步:在实验室教大家认识无人机飞行器的部件并介绍其功能。

大部分学生都是第一次见到飞行器,对一些部件很陌生。为了让学生快速地熟悉飞行器,先大致地了解和分析部分零件及掌握飞行安全概要,包括环境、检查、操作、保养和限飞条件与当地法规。

第二步:现场示范组装无人机。

组装步骤:安装机臂与螺旋桨叶—展开桨叶保护罩的锁扣—通过标记将两个桨叶保护罩连接起来—将保护罩套入机臂上并扣上锁扣以确保安装牢固—安装充满电的飞行器电池—组装遥控器,包括天线、手柄和摇杆。

第三步:让学生自己组装无人机,快速掌握无人机的构造。

四、飞行准备

1. 开启飞行器、遥控器及手机

与其他的电器不同，开启飞行器电源要先短按一次以检查电量，再短按一次，最后长按 2 s 才可开启。同样关闭飞行器电源也是这样操作。

2. 飞行器与遥控器对焦

将手机用连接线连接至遥控器的卡槽底部，并在手机上打开和运行 DJI GO 4 App，检查遥控器与飞行器有没有对焦成功。

若对焦不成功，说明飞行器与遥控器是断开连接的，具体可以通过遥控器上的指示灯来判断。若显示红灯，说明是断开的；若显示绿灯，表示连接成功。若不成功，可以通过手动对焦来连接。

3. 遥控器设置

起飞前请务必等待 DJI GO 4 App 相机界面显示"起飞准备完毕"，再打开遥控摇杆设置页面，遥控器出厂默认操控方式为"美国手"，所以要重新设置为右摇杆控制飞行高度与方向，左摇杆控制飞行器的前进、后退以及左右飞行方向。云台俯仰控制拨轮可控制相机的俯仰拍摄角度。

五、飞行教学

1. 起飞

可以采用一键起飞（App 相机界面有一个自动起飞按钮）或者可以手动起飞（将两个摇杆同时向内掰）。

2. 降落

可以采用一键降落（App 相机界面有一个自动降落按钮）或者可以手动降落（将两个摇杆同时向外掰）。

让每位学生轮流操作一次起飞，再降落到起飞位置。

3. 飞行教学

先将无人机起飞到一定的安全高度，通过掰动摇杆控制飞行方向，具体操作是：

右手缓慢向上推动摇杆，让无人机垂直向上飞行；

右手缓慢向下推动摇杆，让无人机垂直向下飞行；

右手缓慢向右推动摇杆，让无人机按顺时针方向旋转；

右手缓慢向左推动摇杆，让无人机按逆时针方向旋转；

左手缓慢向左推动摇杆，让无人机水平向左飞行；

左手缓慢向右推动摇杆，让无人机水平向右飞行；

左手缓慢向上推动摇杆，让无人机水平向前飞行；

左手缓慢向下推动摇杆，让无人机水平向后飞行。

将无人机飞回到原先位置，让学生轮流操作，熟悉并掌握用遥控器操作飞行的方法。

课堂学习任务：指定一个校园景点，让学生快速地操作无人机飞行到这个位置。

六、航拍教学

1. 拍照

将无人机起飞到指定最佳地点，用右手缓慢向右或向左推动摇杆，调节水平方向，旋转到最佳方向，再用左手拨动云台俯仰控制拨轮，调节到最佳角度。对准某个景点，左手按下拍照按键，对景点进行拍照。

2. 录像

录像之前，与拍照的准备工作一样，调整方向、高度、距离及角度。先按一下录影按键，进入录像模式；再按一下录像按键，开始录像。录像的同时，可以在 DJI GO 4 App 中选择飞行功能：一键短片、智能跟随和指定飞行。这样设置拍出的短片画质更稳定、效果更好。

课堂学习任务：指定一个校园景点，让学生快速地操作无人机飞行到这个位置，拍出照片和视频，并进行评选。

第 2 节　无人机挑战飞越障碍物

一、设计目标

（1）熟练掌握无人机飞行技能。
（2）培养学生强大的心理素质。

二、步骤与规则

（1）比赛时间为 2 min，所有动作必须在 2 min 内完成，超过 2 min 的动作不记分。

（2）飞行器起飞后须完成规定的飞行动作：

① 定高巡航。目视高度悬停 2 s，穿过两个分别离地 1.5 m、0.5 m 水平放置的呼啦圈（直径 0.5 m），记 30 分。

② 完成四个筋斗动作，每个筋斗记 10 分，共 40 分。

③ 定点降落。降落目标区域为同心圆地靶，中心靶直径为 20 cm。以四轴飞行器四个支脚点中最靠近圆心的那个作为有效记分点，以其在靶环内的位置判断降落分值。中心靶分值为 30 分。飞行器落地后弹跳、翻滚造成降落点位置改变，无法判断真实有效记分点的不记分，以飞行器落地后不动为准。起飞与降落参照图如图 7-1 所示。

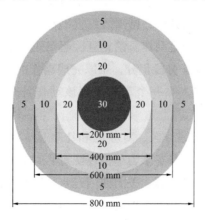

图 7-1　起飞与降落参照图

（3）每轮比赛满分为 100 分，为三组规定动作得分总和。动作分相同的，以用时最少到最多进行排序。

（4）参赛选手应在规定对频区完成必需的对频、微调准备工作，关闭油门等待进入飞行区域。不得在飞行区域进行对频、试飞等与比赛动作无关的操作。一旦因意外关闭飞行器或无线发射机需要重新对频的，须向裁判申请退出飞行区域，回到对频区重新操作。

（5）进入飞行区准备完毕后，向裁判举手示意请求开始飞行。裁判宣布"开始"口令并开始计时。一旦飞行器触地则记分结束。

（6）参赛选手必须在规定时间内完成规定动作。如飞行器触地后对自己成绩不满意，可以立即向裁判口头申请将上次成绩作废，继续计时、重新记分。只要在 2 min 之内，重新开始次数不限，动作分以重新开始的成绩为准，计时成绩为连续计时（重新开始则重新计时）。最终动作记分以最后一次成绩为准，包括重新记分的总参赛时间不超过 2 min，超时部分的动作不记分。

三、注意事项

（1）定高巡航动作中出现碰撞呼啦圈致使旋翼机倾斜，特别是机身中央直接碰撞呼啦圈出现打桨情况的，应立即关闭油门，停止飞行，以免造成飞行危险、损坏模型。在计时范围内连续出现以上情况的，可放弃该动作直接进行下一动作，该动作分为 0 分。

（2）筋斗动作部分只完成一个筋斗就落地的，应关闭油门等待裁判判定该部分动作分和定点降落得分，该部分动作分只计 20 分；若关闭油门后向裁判申请重新计分，则需要将模型移至起飞点，从定高巡航动作开始重新完成比赛规定动作。禁止直接起飞完成下一个筋斗动作。

（3）所有规定动作分段记分，难以完成动作的，可直接向裁判声明放弃该动作，直接进入下一个动作，则该动作计分为 0 分。不得危险飞行。

（4）比赛场地分等待区、对频区和比赛区，参赛学生在等待区集合，听从现场指挥，以参赛队为单位逐队进入对频区完成对频、调试动作，保证模型处于通电状态，关闭油门进入比赛区参加比赛。严禁在比赛区试飞、调试模型、开关遥控设备进行对频操作。如在比赛区出现关闭遥控设备的误操作，应向裁判说明，并退到对频区完成对频、调试动作后重新进入比赛区。比赛动作完成后，关闭遥控设备，退出比赛区，回到等待区重新集合。禁止在比赛区逗留和回到对频区干扰其他参赛队准备。

（5）禁止危险飞行，如出现飞行姿态失衡等情况，应立即停止飞行，退到对频区使用遥控器微调按钮调整。

（6）飞行过程中，参赛学生可在定点降落靶标区域外调整自己的操作位置，但不得进入靶标区域内进行定点降落操作。参赛学生现场应服从裁判员的提示，有序参赛。如出现以下情况，裁判员可现场取消该参赛学生的比赛成绩。

① 在比赛区域试飞、调试模型或随意开关遥控设备进行对频动作，并不服从裁判员的现场提示。

② 比赛完成后仍在比赛区逗留，干扰其他参赛学生比赛，并不服从裁判员的现场提示。

③ 在比赛场地奔跑打闹，干扰其他参赛学生比赛，并不服从裁判员的现场提示。

第 3 节　IYPT 实验探究

一、IYPT 赛事概述

1. 基本介绍

国际青年物理学家竞赛（International Young Physicists' Tournament，IYPT）是 1988 年由苏联发起，基本上每年举办一届，目前已经举办了 30 届。它和国际物理奥林匹克竞赛、国际青年学生科学论文竞赛并称为三大顶级国际中学生物理竞赛。IYPT 由大学或中学组织实施，是一项以团队对抗为形式的物理竞赛。它以培养参赛者的创新意识、创新能力、协作精神和实践能力为基本理念。

我国接触这个比赛后，将其推广到中小学的实验研究中，因为它并不限制研究的深度与广度。开展这个课程研究的目的在于让学生开拓物理的思维，在一些实验中掌握相关的物理知识。

2. 在我国的发展情况

我国借鉴 IYPT，组织了中国高中生物理创新竞赛，即 CYPT，旨在提高学生综合运用所学知识，分析解决实际物理问题的能力，培养学生的开放性思维。这个比赛不仅可以锻炼学生的科研素质，还能培养学生的合作精神和交流表达能力，使学生的知识、能力和素质全面协调地发展。

南开大学物理科学学院在连续九年成功组织 IYPT 中国队的选拔、培训和参赛工作的基础上，在 2018 年 2 月举办了"南开大学全国中学生物理训练营"。为吸引和选拔对物理有浓厚兴趣且具备科学素养和创新意识的优秀中学生，对参加训练营的学生进行学科考核，认定并颁发南开大学物理学科等级证书，获得 A 等级认定资格的学生，若高考报考南开大学并被录取，在南开大学物理伯苓班（即南开大学物理拔尖学生培养试验计划）选拔时可以被优先录取。

所以说这类物理对抗比赛在我国也逐渐被物理教育界所认可，是一种非常有意义的学习形式。

二、上课形式

1. IYPT 的组织形式

在这个比赛中,每个小组会扮演三种不同的角色:

(1)正方:对自己所探究的实验现象进行说明,并对反方的问题与质疑进行回答。

(2)反方:结合自己的经验对正方所述的研究方法、结论等提出问题和不同的看法,或者是质疑。

(3)评论方:总结正、反方的发言,并对该实验进行总结性的阐述。

一般来说,IYPT 会进行三个阶段的对抗赛,那么某一团队在第一阶段扮演正方,到第二阶段就要扮演反方(或评论方),第三阶段则扮演评论方(或反方)。其他团队同样根据这个规则转换角色。所以每个小组都必须对同一个课题进行研究,否则就无法展开对抗。

2. 课程组织形式

我们在课堂上会让学生自由分组,在每一次实验探究中,各组分别展开讨论与研究,一个实验结束后,抽签决定正反方与评论方,展开下一个阶段的对抗。

以下是两个课题实例介绍。

课题1 探究火焰跳跃的原因

题目要求:把火焰(比如本生灯发出的火焰)放在两个平行带电的金属板间,研究火焰的运动情况。

题目分析:"火焰"和"平行带电金属板"是本实验的关键,指导学生探究时要围绕这两个关键点进行思考。

"跳跃的火焰"选自第 24 届 IYPT 竞赛试题第 3 题。

1. 基础知识指导

带领学生简单了解静电场的知识,引导学生得出"平行带电金属板间能够产生匀强电场,而火焰的跳跃可能是由这个电场引起的"这样的结论。根据结论,学生自然会进一步思考:"为什么火焰会受电场的影响?火焰是什么?"

关于火焰是什么有很多种说法,但普遍承认的是"火焰是能够加热空气并使之电离的电离剂""火焰是等离子体"这两种说法。在课题探究前对"火焰是什么"进行简单说明,在学生对空气电离、电离剂和等离子体有一定的初步认识后,让学生根据"火焰受电场影响"这个结论,通过查阅更多资料,总结出自己对火焰的界定。通过这个环节,既可以为接下来的实验做理论铺垫,也可以由此拓宽学生的知识面。

2. 设计实验与探究

根据我们对赛题的解读,火焰种类的不同和金属板间产生的电场强度不同都可能会影响火焰的跳跃。在这个环节中,引导学生分析出可能影响以上两个条件的主要因素。针对火焰的种类,提示学生灵活运用化学、热学及燃烧学等知识,分析其影响因素。实际上,根据燃烧材料的不同,甚至每根蜡烛燃烧的火焰都是不同的,由于条件有限,只要求学生用同一根蜡烛进行实验即可。产生的电场不同,需要学生结合静电场及平板电容器等知识,因此大致可以猜测火焰在金属板间的跳跃与金属板的材质、金属板间所加电压及火焰距金属板的距离有关。

尽管我们平时教学中一直提及"控制变量法"这一实验方法,但学生可能并非完全掌握,所以实验的初步设计应由学生完成,让他们在设计实验的过程中掌握控制变量这一科学方法。教师则结合可行性和科学性对实验设计进行指导与完善。

根据前面学生对实验影响因素的分析,可选取以下实验仪器:三组材质分别为铁、黄铜和铝,直径 $R=20$ cm,厚度 $D=1$ mm 的平行金属板;直流稳压电源(最大值为 30 V);行输出变压器(高压包);电压表(量程 100 kV)。进行三组蜡烛火焰的实验:

(1) 在板间距离及金属板材质不变的情况下,改变两极板间所施电压。

(2) 在板间电压及金属板材质不变的情况下,改变两极板间的距离。

(3) 在板间距离及板间电压不变的情况下,改变金属板的材质。

组织学生分组进行实验探究。

3. 分析实验

针对实验中观察到的现象,教师可设置系列问题,逐步引导学生得出结论。

问题 1:为什么火焰会在电场中偏转?

要解答这个问题,首先要求学生了解火焰的化学反应将产生足够的热量,使温度满足空气分子电离的条件。

电离:空气⇒正离子+自由电子。

问题2:为什么火焰总是偏向电势较低的金属板?

这里要注意的是,火焰电离成正离子和自由电子后,正负粒子的总量是相等的,但由于自由电子的质量要远远小于正离子,自由电子将获得较大的动能,更容易脱离蜡烛火焰。由于火焰失去自由电子,火焰中正离子的浓度比自由电子大,火焰表现出带正电的属性,因此火焰应该偏向电势较低的金属板。

通过设置类似问题,能够让学生更有逻辑地分析实验原理,同时丰富学生关于空气电离条件和物理方面的知识。

由于火焰形状不规则,具有流动性,所以受力分析对于中学生来讲难度较大。如果学生有兴趣并且学有余力,可以给学生补充有关导数与积分、动量定理、建模、运动微分方程等知识,但补充的知识不能超出学生所能接受的范围,应在中学重难点知识的基础上稍加进阶。

实验中我们会发现板间距离固定时,随着外加电压的增加,蜡烛火焰开始发生偏转,而当电压增加至某一值时,火焰会开始做振荡运动。如果在此处介绍电吹风吹灭蜡烛火焰的实验,可以引导学生进行新一轮的实验探究。

4. 抽签,展开物理对抗

组织学生分组轮换开展物理对抗赛,加深学生对"跳跃的火焰"这一课题的认识与理解。

课题2 探究磁动力小火车

题目要求:两个扁圆柱形磁铁与一个柱状的电池两端相接,当这个体系放在铜线圈内部且与铜接触的时候,它会开始运动。解释这个现象并且研究相关参量是怎么影响小火车的速度和功率。

1. 基础知识指导

小火车由静止变为运动,运动状态发生改变必然是受到力的作用,而与磁铁相连的电池体系可能受到的力有摩擦力、空气阻力及铜线圈在通电情况下产生的磁场与磁铁间的作用力。上述力中,可能作为小火车动力的只有铜线圈在通电情况下产生的磁场与磁铁间的作用力,所以影响小火车运动的力主要有摩擦力、空气阻力（较小，可忽略）及铜线圈产生的磁场与磁铁间的作用力。相关参量，即通过影响小火车这几个受力影响小火车的速度及功率。通过设计对照试验来研究不同参量对小火车速度和功率的影响。

物体的运动状态发生了变化，一定是受到了力的作用，从实验器材来看，电池运动的动力应该是磁场力。

如图7-2所示，电池两端的磁铁与线圈 A、B 两点接触，电池、磁铁与线圈形成通电螺线管，产生的电流方向为线圈中箭头方向，通电螺线管内部产生的磁场方向向右，A、B 两点为螺线管边缘处，此处的磁场为非匀强磁场。

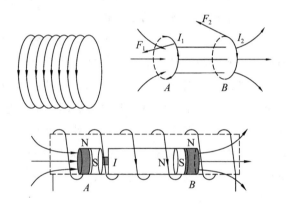

图 7-2　通电螺线管示意图

电池两端所吸附的磁铁可以等效为一个小的通电螺线管，因此当磁铁、电池与铜线形成回路时，磁铁中可以看作通有环形电流。

2. 实验分析与设计

主要采用控制变量法，由于小火车运动的原因在于线圈产生的磁场与磁铁间具有力的作用，因此主要是通过改变线圈及磁铁产生的磁场强度来影响小火车的速度及功率。由于在通电电流为 I 时，线圈产生的磁场大小为 $B=n\mu I$，其中 n 是单位长度内线圈的匝数；μ 为真空磁导率，为常数；I 为通过线圈的电流大小，由电池电压决定。

因此影响线圈磁场强度的因素有：

（1）单位长度内线圈匝数 n，即线圈密度。

（2）通过线圈的电流大小 I，即电池电压。

通过以上分析可知，影响小火车速度及功率的第三个主要因素是磁铁数量，因此我们可以设计三组实验，分别探究线圈密度、磁铁数量、电压大小三个参数对小火车运动速度及功率的影响。

① 线圈密度（以 20 cm 的匝数衡量）。在其他条件不变的情况下，用铜线分别绕出三种相同长度、不同匝数的铜线圈，将小火车分别在这三种线圈中运动，测量计算小火车的速度和功率。

② 磁铁数量。在其他条件不变的情况下，将干电池两端分别放置 3 块、4 块、5 块磁铁，分别计算出小火车的速度和功率，比较得出磁铁数量对小火车运动的影响。

③ 电压大小。在其他条件不变的情况下，通过在干电池两端串联纽扣电池改变电压，实验组干电池两端分别串联一个纽扣电池，对照组串联等质量的扁圆柱形铁块，测量并计算比较小火车的速度和功率。

3. 进行实验

材料：干电池、铜线（2.5 mm）、磁铁。

制作步骤：将 1 节五号电池两端各附着 3 块直径为 15 mm 的强力磁铁，并保证吸附相同磁极，将直径为 2.5 mm 的裸铜线绕制成长度为 20 cm、直径比电池略大的铜线圈。

教师对实验中出现的问题进行及时引导。

教师：该实验的原理是什么呢？你们能简单地讲解一下吗？

学生：这个问题提到了楞次定律、磁通量变化和法拉第电磁感应现象，这些都是该实验的基本原理。

教师：小车能够动起来说明受到了磁力作用，你们还记得安培力的计算公式吗？

学生：$F=BIL$。

教师：那说明仅有磁场就可以了吗？还要满足什么条件？

学生：有闭合的回路，有电流。

教师：那请你们检查一下，你们的小车是否在闭合回路中？（这个问题是希望学生查看电池两端磁铁是否与线圈接触。）如果仍然无法运动起来，你们觉得是什么原因？

学生：可能是安培力不够，或是阻力太大。

教师：什么原因会造成你们说的情况呢？

学生：磁铁的磁性不够，线圈不平滑。

教师：嗯，非常好，你们可以再尝试一下。那有没有可能安培力的合力为零呢？（这个问题是希望学生通过思考安培力为什么抵消了，从而想到电池两端的磁铁要磁极相对着放置，使两端安培力叠加而非抵消）

通过这样的引导，一方面，让学生不至于多走弯路，且能够解决问题，使探究继续进行。另一方面，可以帮助学生学会分析实验失败的原因，让学生对实验原理有更深刻的理解。同时，也能锻炼与培养学生对问题的敏感度，学会分析现象，发现问题。

4. 抽签，展开物理对抗

组织学生分组轮换开展物理对抗，并互提问题，加深对这一课题的认识与理解。

第 4 节　电子闪光灯的设计和制作

一、教学目标

（1）了解面包板。
（2）知道什么是电容器，利用面包板探究电容器的充电和放电。
（3）通过电子闪光灯项目，学会简单的电路焊接和电路设计。

二、教学内容

节日到来，夜晚的城市灯光璀璨，路上的彩灯忽明忽暗，闪闪发光。我们是否也可以制作类似的闪光灯来装点节日的校园呢？下面以制作一个闪光灯展板为学习项目，并在这个过程中实施一节题为"探究电子闪光灯"的 STEM 课堂学习。

三、探究活动

活动一：了解面包板

通过观察面包板的正面和反面，分析哪些点是相连的，并在图上绘制好，从而了解面包板的构造及使用方法。

活动二：探究电容器的充电和放电

先通过一个微视频简单了解电容器，这一部分内容在选修教材 3-1 中会涉及，这里不再特意讲解。然后让学生自己设计一个电路图，使电容器能够进行充电和放电，并引导学生改进电路图，使之能够直观判断电容器已经充好电了。在完成这一任务时，教师需要帮助学生回忆初中所学的简单的电路图的绘制方法，同时介绍电容器和二极管等元件符号。最后利用桌上的实验器材（面包板、两节干电池、电容器、发光二极管、开关、导线等）连接电路图（图 7-3），进行实验，观察实验现象并获得实验结论，从而简单了解电容器是如何进行充电和放电的。

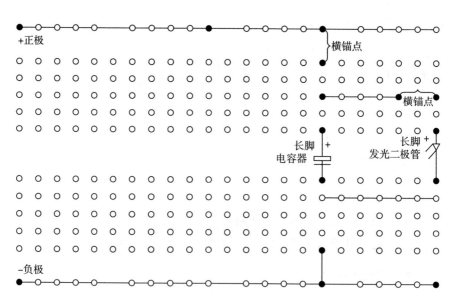

图 7-3　电容器充、放电电路图

上述步骤完成后可进一步探究，如果发光二极管反接（上面负极，下面正极），通过观察到的现象帮助学生理解发光二极管中电流只能从二极管的正极流向负极，并引导学生思考：如果要使发光二极管亮的时间长一些，需要做些什么。通过对这个问题的探究，旨在使学生对"电容器的电容大小不同，其储存电荷的本领不一样"有进一步的理解。

这一部分的探究都是基于学生自己能够进行的实验，由直观的现象获得结论，简单地了解电容器，具体的工作原理留待后续物理课程中学习。

活动三：探究二极管闪动快慢的原因

指导学生根据已经设计好的电路图（图 7-4），把元器件在面包板上连接好（图 7-5），为后续探究做准备。

由于学生刚刚开始接触电路设计，如果一开始就让学生进行较为复杂的电路设计，难度太大，也较容易打击学生学习的积极性，所以选择让学生设计探究电容器充放电的电路图。在探究二极管闪动快慢时，则使用已经设计好的电路图，学生连接好电路后接通电源，确保二极管交替闪烁后方可进行后续探究。这一步十分关键，虽然电路的设计图已经给出，但是学生连接电路的过程其实也是一次探究学习，有利于学生进一步理解每一个元器件的工作原理，也为自主设计电路提供帮助。

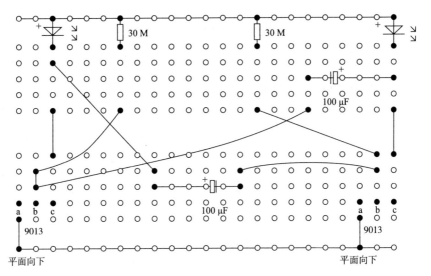

图 7-4 电路图

图 7-5 面包板

在学生有了前期的知识储备后,教师提出问题:影响二极管闪动快慢的原因有哪些?

请学生将他认为可能的原因填入表 7-1,并让学生按照表格内容进行探究。

表 7-1 探究二极管闪动快慢的原因

实验操作	实验现象	实验结论
更换一个更大的电容器		
在每个电容器两端各并联一个等容电容器		
在每个电容器上各串联一个等容电容器		

续表

实验操作	实验现象	实验结论
在每只电阻的两端再并联一只等值电阻		
在每只电阻上再串联一只等值电阻		
在面包板两端连接 6 V 的电源		
……	……	……

探究结束后，可以邀请不同的小组上台分享自己的实验结果。大家发现各自的结果相似度很高，这说明所有的实验结果都是可以经过反复实验地推敲的，并非偶然，这对培养学生的科学态度具有重要作用。

另外，可以鼓励学生根据这组电路，对自己感兴趣的内容进行探究。这部分内容是开放的，学生可以不拘泥于表 7-2 中的内容，可对自己后续电路设计需要了解的内容进行研究。教师在这个过程中可给予适当的帮助，对学生存在疑惑的一些电学知识进行适当的点拨。如果条件允许，也可以让学生自主查阅资料。

表 7-2 电子闪光灯的其他探究

实验操作	实验现象	原因分析
拔去其中一个三极管		
拔去其中两个三极管		
将其中一个三极管反接		
将其中两个三极管反接		
将其中一个电阻换成二极管		
	四个二极管灯同时闪烁	
……	……	……

活动四：学习焊接电路

将面包板上的电路焊接在电路板上，这一过程主要培养学生的动手操作能力。对于高中生而言，学习过程还是比较快的。

活动五：自主设计

利用前面探究获得的知识，学生进行自主设计，用造型不同的电子闪光灯装饰教室或校园一角，并进行交流展示和评价。在这个过程中，既要对优秀的设计进行表扬和鼓励，又要对学生的一些设计漏洞给出分析和指导，为学生后续学习打下扎实的基础。

活动六：自我评价

回顾自己在整个项目活动中的收获和思考。

四、学业要求

（1）能自主设计电路图，并利用面包板探究电容器的充电和放电。

（2）具有较强的问题意识，在活动中提出问题，做出猜想假设，设计实验进行探究，并对实验现象进行分析和推理，获得合理的结论。

（3）根据获得的知识，自主进行电路的设计和制作，将理论知识运用到实际中。

第 5 节　激光雕刻的原理及软件的使用

一、教学目标

（1）了解激光雕刻原理。

（2）初识 Corellaser 软件、LaserDRW 软件。

二、教学内容

1. 学习引入

观察激光雕刻机的构造。

提问：你是否了解激光？是否知道激光雕刻的原理？

2. 原理分析

结构：激光雕刻机包括激光器和其输出光路上的气体喷头。气体喷头的一端为窗口，另一端为与激光器光路同轴的喷口。气体喷头的侧面连接有气管，气管与空气或氧气源相连接，空气或氧气源的压力为 0.1~0.3 MPa；喷口的内壁为圆柱状，其直径为 1.2~3 mm，长度为 1~8 mm；氧气源中的氧气占其总体积的 60%，激光器和气体喷头间的光路上装有反射镜。

作用：激光雕刻机能提高雕刻的效率，使被雕刻处的表面光滑、圆润，迅速地降低被雕刻的非金属材料的温度，减少被雕刻物体的形变和内应力。它被广泛地用于对各种非金属材料进行精细雕刻的领域。

激光雕刻机的工作原理（图 7-6）及参数：

（1）点阵雕刻酷似高清晰度的点阵打印。激光头先左右摆动，每次雕刻出一条由一系列点组成的一条线，然后激光头同时上下移动雕刻出多条线，最后构成整版的图像或文字。扫描的图形、文字及矢量化图文都可使用点阵雕刻。

（2）矢量切割与点阵雕刻不同，矢量切割是在图文的外轮廓线上进行的。我们通常使用此模式在木材、亚克力、纸张等材料上进行穿透切割，也可在多种材料表面进行打标操作。

(3) 雕刻速度指激光头移动的速度，高速度带来高的生产效率。速度也用于控制切割的深度。对于特定的激光强度，速度越慢，切割或雕刻的深度就越大。可利用雕刻机面板调节速度，也可利用计算机的打印驱动程序来调节。在1%~100%的范围内调节速度，调整幅度是1%。悍马机先进的运动控制系统可以在高速雕刻时，仍然得到超精细的雕刻质量。

(4) 雕刻强度指射到材料表面的激光的强度。对于特定的雕刻速度，强度越大，切割或雕刻的深度就越大。可利用雕刻机面板调节强度，也可利用计算机的打印驱动程序来调节。在1%~100%的范围内调节速度，调整幅度是1%。强度越大，相当于速度也越大，切割的深度也越深。

(5) 激光束光斑大小可利用不同焦距的透镜进行调节。小光斑的透镜用于高分辨率的雕刻；大光斑的透镜用于较低分辨率的雕刻。新设备的标准配置是直径5.08厘米（2.0英寸）的透镜。其光斑大小适中，适用于各种场合。

(6) 雕刻材料有木制品、有机玻璃、金属板、玻璃、石材、水晶、可丽耐、纸张、双色板、氧化铝、皮革、树脂、喷塑金属等。

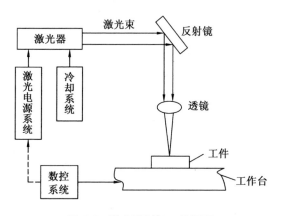

图7-6 激光雕刻机工作原理

3. 软件操作

教师可以介绍相关软件，使学生了解软件的功能，学会简单的绘图操作，体会软件的强大之处。

第8章 创新拔尖类课程校本化案例

第1节 数学奥赛——高斯函数

函数 $y=[x]$ 称为高斯函数,又称取整函数。它是数学竞赛的热点之一。

定义 对任意实数 x,$[x]$ 是不超过 x 的最大整数,称 $[x]$ 为 x 的整数部分。与它相对应的是小数部分函数 $y=\{x\}$,$\{x\}=x-[x]$。

由函数 $[x]$,$\{x\}$ 的定义不难得到如下性质:

(1) $y=[x]$ 的定义域为 **R**,值域为 **Z**;$y=\{x\}$ 的定义域为 **R**,值域为 $[0,1)$。

(2) 对任意实数 x,都有 $x=[x]+\{x\}$,且 $0 \leq \{x\} < 1$。

(3) 对任意实数 x,都有 $[x] \leq x < [x]+1$,$x-1 < [x] \leq x$。

(4) $y=[x]$ 是不减函数,即若 $x_1 \leq x_2$,则 $[x_1] \leq [x_2]$,其图像如图 8-1 所示;$y=\{x\}$ 是以 1 为周期的周期函数,其图像如图 8-2 所示。

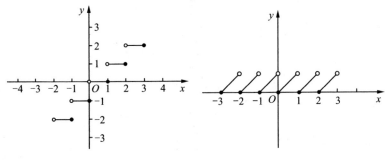

图 8-1 $y=[x]$　　　　图 8-2 $y=\{x\}$

(5) $[x+n]=n+[x]$;$\{x+n\}=\{x\}$。其中 $x \in \mathbf{R}, n \in \mathbf{N}^*$。

(6) $[x+y] \geq [x]+[y]$;$\{x\}+\{y\} \geq \{x+y\}$;$\left[\sum_{i=1}^{n} x_i\right] \geq \sum_{i=1}^{n} [x_i]$,$x_i \in \mathbf{R}$;特别地,$\left[\dfrac{na}{b}\right] \geq n\left[\dfrac{a}{b}\right]$。

(7) $[xy] \geq [x] \cdot [y]$,其中 $x,y \in \mathbf{R}_+$;一般地 $\left[\prod_{i=1}^{n} x_i\right] \geq \sum_{i=1}^{n} [x_i]$,$x_i \in \mathbf{R}_+$;特别地,$[\sqrt[n]{x}]^n \leq [x]$,$x \in \mathbf{R}_+, n \in \mathbf{N}^*$。

(8) $\left[\dfrac{x}{n}\right] = \left[\dfrac{[x]}{n}\right]$，其中 $x \in \mathbf{R}_+$，$n \in \mathbf{N}^*$。

典型习题

1. 求证：$2^{n-1} = n! \Longleftrightarrow n = 2^{k-1}$，其中 k 为某一个自然数。

2. 对任意的 $n \in \mathbf{N}^*$，计算 $S = \sum\limits_{k=0}^{\infty}\left[\dfrac{n+2^k}{2^{k+1}}\right]$ 的值。

3. 计算 $S = \sum\limits_{n=0}^{502}\left[\dfrac{305n}{503}\right]$ 的值。

4. 设 M 为一个正整数，问方程 $x^2 - [x]^2 = \{x\}^2$ 在 $[1, M]$ 中有多少个解？

5. 求方程 $4x^2 - 40[x] + 51 = 0$ 的实数解。

6. 设 $x \in \mathbf{R}_+, n \in \mathbf{N}^*$，证明：$[nx] \geqslant \dfrac{[x]}{1} + \dfrac{[2x]}{2} + \dfrac{[3x]}{3} + \cdots + \dfrac{[nx]}{n}$。

7. 对自然数 n 及一切任意自然数 x，求证：

$$[x] + \left[x + \dfrac{1}{n}\right] + \left[x + \dfrac{2}{n}\right] + \cdots + \left[x + \dfrac{n-1}{n}\right] = [nx]。$$

第2节 物理奥赛——直线运动

一、质点运动的基本概念

1. 参照物和参照系

要准确确定质点的位置及其变化，必须事先选取另一个假定不动的物体作参照，这个被选取的物体叫作参照物。为了定量地描述物体的运动，需要在参照物上建立坐标，构成坐标系。通常选用直角坐标系 $O\text{-}xyz$（图 8-3），有时也采用极坐标系。

2. 位矢、位移和路程

在直角坐标系中，质点的位置可用三个坐标 x，y，z 表示，当质点运动时，它的坐标是时间的函数，即

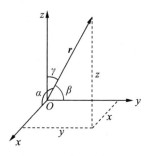

图 8-3 直角坐标系

$$\begin{cases} x = X(t), \\ y = Y(t), \\ z = Z(t). \end{cases}$$

这就是质点的运动方程。

质点的位置也可用从坐标原点 O 指向质点 $P(x,y,z)$ 的有向线段 r 来表示，r 也是描述质点在空间中位置的物理量。r 的长度为质点到原点之间的距离，r 的方向由余弦 $\cos\alpha$，$\cos\beta$，$\cos\gamma$ 确定，它们之间满足

$$\cos^2\alpha + \cos^2\beta + \cos^2\gamma = 1.$$

当质点运动时，其位矢的大小和方向也随时间而变，可表示为 $r = r(t)$。在直角坐标系中，$\boldsymbol{i}$，$\boldsymbol{j}$，$\boldsymbol{k}$ 分别为沿方向 i，j，k 的单位矢量，则 r 可表示为

$$\boldsymbol{r} = x(t)\boldsymbol{i} + y(t)\boldsymbol{j} + z(t)\boldsymbol{k}.$$

位矢 r 与坐标原点的选择有关。

研究质点的运动，不仅要知道它的位置，还必须知道其位置的变化

情况。如图 8-4 所示，如果质点从空间一点 $P_1(x_1,y_1,z_1)$ 运动到另一点 $P_2(x_2,y_2,z_2)$，相应的位矢由 r_1 变到 r_2，其改变量为
$\Delta r = r_2 - r_1 = (x_2-x_1)\boldsymbol{i} + (y_2-y_1)\boldsymbol{j} + (z_2-z_1)\boldsymbol{k}$，
称为质点的位移。位移是矢量，它是从初始位置指向终止位置的一个有向线段。它描述在一定时间内质点位置变动的大小和方向，与坐标原点的选择无关。

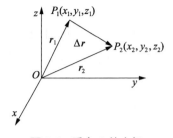

图 8-4　质点 P 的坐标

3. 速度

平均速度：质点在一段时间内通过的位移和所用时间之比叫作这段时间内的平均速度 $\bar{v} = \dfrac{s}{\Delta t}$。

平均速度是矢量，其方向与 Δr 的方向相同。平均速度的大小，与所取的时间间隔 Δt 有关，因此须指明是哪一段时间（或哪一段位移）的平均速度。

瞬时速度：当 Δt 为无限小量，即趋于零时，Δr 成为 t 时刻的瞬时速度，简称速度，即

$$v = \lim_{\Delta t \to 0} \bar{v} = \lim_{\Delta t \to 0} \frac{s}{\Delta t}。$$

瞬时速度是矢量，其方向为轨迹的切线方向。

瞬时速度的大小称为速率，速率是标量。

4. 加速度

平均加速度：质点在 Δt 时间内，速度变化量为 Δv，则 Δv 与 Δt 的比值称为这段时间内的平均加速度，即

$$\bar{a} = \frac{\Delta v}{\Delta t}。$$

平均加速度是矢量，其方向为 Δv 的方向。

瞬时加速度：当 Δt 为无限小量，即趋于零时，Δv 与 Δt 的比值称为此时刻的瞬时加速度，简称加速度，即

$$a = \lim_{\Delta t \to 0} \frac{\Delta v}{\Delta t}。$$

加速度是矢量，其方向就是当 Δt 趋于零时，速度增量的极限方向。

5. 匀变速直线运动

加速度 a 不随时间 t 变化的直线运动称为匀变速直线运动。若 a 与 v 同方向，则为匀加速直线运动；若 a 与 v 反方向，则为匀减速直线运动。

匀变速直线运动的规律为

$$v_t = v_0 + at, \ s = v_0 t + \frac{1}{2}at^2;$$

$$v_t^2 - v_0^2 = 2as, \ s = vt + \frac{1}{2}(v_0 + v_t)t.$$

匀变速直线运动的规律也可以用图像描述。其位移-时间图像（s-t 图）如图 8-5 所示，速度-时间图像（v-t 图）如图 8-6 所示。

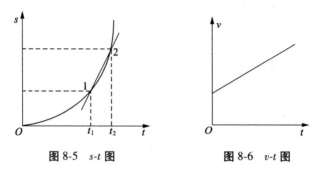

图 8-5　s-t 图　　　　图 8-6　v-t 图

从 s-t 图像可得出：

（1）任意一段时间内的位移。

（2）平均速度，在 $t_2 - t_1$ 时间内的平均速度的大小，是过图中点 1、点 2 的割线的斜率。

（3）瞬时速度，图中某点的切线的斜率值等于该时刻的速度值。

从 v-t 图像可得出：

（1）任意时刻的速度。

（2）任意一段时间内的位移，$t_2 - t_1$ 时间内的位移等于 v-t 图中 t_1、t_2 时刻与横轴所围的"面积"。这一结论对非匀变速直线运动同样成立。

（3）加速度，v-t 图中直线的斜率等于加速度的值。若为非匀变速直线运动，则 v-t 图中任一点切线的斜率即为该时刻的瞬时加速度的大小。

6. 一般运动

位移和速度可分别表示为

位移 $x = \int_0^t v\,dt$，速度 $v = \int_0^t a\,dt$。

二、运动的合成与分解及相对运动

1. 运动的合成与分解

（1）矢量的合成与分解。

矢量的合成与分解的基本方法是平行四边形法则，即两个分量构成平行四边形的两条邻边，合矢量为该平行四边形中过两分量公共点的对角线。由平行四边形法则可衍生出三角形法则，多个矢量的合成又可推导出多边形法则。

同一条直线上的矢量的合成与分解可以简化为代数运算，由此，不在同一条直线上的矢量的合成与分解一般通过正交分解法进行运算，即把各个矢量向互相垂直的坐标轴投影，先在各轴上进行代数运算之后，再进行矢量运算。

（2）运动的合成和分解。

运动的合成与分解是矢量的合成与分解的一种。运动的合成与分解一般包括位移、速度、加速度等的合成与分解。运动的合成与分解的特点主要有：① 运动的合成与分解总是与力的作用相对应的；② 各个分运动有互不相干的性质，即各个方向上的运动与其他方向上的运动是否存在无关，这与力的独立作用原理是对应的；③ 位移等物理量是在一段时间内才可完成的，故它们的合成与分解讲究等时性，即各个运动要取相同时间内的位移；④ 瞬时速度等是指某一时刻的物理量，故它们的合成与分解要讲究瞬时性，即必须取同一时刻的速度。

两个直线运动的合成不一定就是直线运动。比如：① 两个匀速直线运动的合成仍为匀速直线运动；② 两个初速为零（同一时刻）的匀加速直线运动的合成仍为初速为零的匀加速直线运动；③ 在同一直线上的一个匀速运动和一个初速为零的匀变速运动的合运动是一个初速不为零的匀变速直线运动，如竖直上抛与竖直下抛运动；④ 不在同一条直线上的一个匀速运动与一个初速为零的匀加速直线运动的合成是一个曲线运动，如斜抛运动。

2. 相对运动

任何物体的运动都是相对于一定的参照系而言的，相对于不同的参照系，同一物体的运动往往具有不同的特征和运动学量。

通常将相对观察者静止的参照系称为静止参照系，将相对观察者运动的参照系称为运动参照系。物体相对静止参照系的运动称为绝对运动，相应的速度和加速度分别称为绝对速度和绝对加速度；物体相对运动参照系的运动称为相对运动，相应的速度和加速度分别称为相对速度和相对加速度；而运动参照系相对静止参照系的运动称为牵连运动，相应的速度和加速度分别称为牵连速度和牵连加速度。

绝对运动、相对运动、牵连运动的速度关系是：绝对速度等于相对速度和牵连速度的矢量和，即

$$v_{绝对} = v_{相对} + v_{牵连}。$$

这一结论对运动参照系相对于静止参照系做平动或转动都成立。

当运动参照系相对静止参照系做平动时，加速度也存在同样的关系：

$$a_{绝对} = a_{相对} + a_{牵连}。$$

当运动参照系相对静止参照系做转动时，这一关系不成立。

如果有一辆平板火车正在行驶，速度为 $v_{火地}$（脚标"火地"表示火车相对地面，下同）。有一个大胆的驾驶员驾驶着一辆小汽车在火车上行驶，相对火车的速度为 $v_{汽火}$，那么很明显，汽车相对地面的速度为

$$v_{汽地} = v_{汽火} + v_{火地}。$$

（注意：$v_{汽火}$ 和 $v_{火地}$ 不一定在一条直线上）如果汽车中有一只小狗，以相对汽车为 $v_{狗汽}$ 的速度在奔跑，那么小狗相对地面的速度就是

$$v_{狗地} = v_{狗汽} + v_{汽火} + v_{火地}。$$

从以上两式可以看到，上述相对运动的式子要遵守以下几条原则：

① 合速度的前脚标与第一个分速度的前脚标相同；合速度的后脚标和最后一个分速度的后脚标相同。

② 前面一个分速度的后脚标和相邻的后面一个分速度的前脚标相同。

③ 所有分速度都用矢量合成法相加。

④ 速度的前后脚标对调，改变符号。

以上求相对速度的式子也同样适用于求相对位移和相对加速度。

第3节　化学奥赛——气体与平衡

一、教学目标

（1）了解理想气体定律的发现过程，感受科学发展的历程，提高化学学习兴趣。通过推导理想气体状态方程，培养学生严密的逻辑思维能力。

（2）掌握理想气体状态方程，能应用方程解决实际问题。理解理想气体的压强及温度的微观本质，建立宏观量与微观量之间的关系，培养学生的证据推理与模型认知、宏观辨识与微观探析素养。

（3）掌握理想气体混合物组成的几种表示方法，注意道尔顿分压定律的运用的范围。

（4）了解气体分子扩散理论，通过对宏观现象与微观粒子运动规律的认识，逐步渗透"透过现象看本质"的思维方法，体验宏观和微观的辩证统一关系，培养学生的微观想象能力。

（5）了解实际气体和范德华修正方程，了解修正项的意义，并能做简单计算，锻炼学生的科学阅读能力和逻辑思维能力。

二、教学内容

【视频引入】播放"理想气体定律的发现"视频。

【交流讨论】人类掌握气体的压强、温度、体积之间的关系大约用了150年，在这个过程中先后有数位科学家在此领域做出卓越的贡献，波义耳定律、查理定律和阿伏伽德罗定律相继被提出。你能利用视频中所介绍的这三个定律推导出理想气体状态方程吗？你对这段科学史有何感想呢？从中有何收获呢？

【教师点拨】这个方程就是克拉珀龙方程，用于描述理想气体的状态。使用过程中需注意物理量的单位采用国际单位制。

【提出问题】惰性气体氙能和氟形成多种氟化氙 XeF_x。实验测定在 80 ℃，15.6 kPa 时，某气态氟化氙的密度为 $0.899\ \mathrm{g\cdot dm^{-3}}$。试确定这种氟化氙的分子式。

阅读气体分压定律的材料,你能解释气体分压定律吗?我们在呼吸时,呼出气体的组成与吸入气体的组成是不同的,在36.8 ℃与101 kPa时,某典型呼出气体的体积分数是:N_2 75.1%、O_2 15.2%、CO_2 3.8%、H_2O 5.9%。试求:(1)呼出气体的平均相对分子质量;(2)CO_2的分压力。

【教师过渡】通过初中的学习,我们已经知道分子总是在不停地做无规则运动,尽量扩散到所能到达的空间,扩散普遍存在于各种状态的物体之间。大家有没有想过气体分子距离大,作用力小,它的扩散速率有无规律可循呢?

【展示图片】展示放置棉花团的玻璃管,一端浸有浓氨水,另一端浸有浓盐酸。

【提出问题】白色雾环出现在中间偏右位置,能否说明微观上分子的变化和运动?

【教师点拨】我们在思考过程中不能忽视空气中的组分。

【提出问题】1828年,格雷厄姆通过隙流速率测定发现:恒温恒压时,气体的隙留速率和它的密度的平方根成反比,试计算实验中氨气和氯化氢的速率比,已知白色雾环左右两侧到两边棉花团的距离比为$L_1 : L_2$。

【教师过渡】上述讨论的各种气体定律,应用于实际气体时存在偏差。实际上只有气体在极其稀薄的情况下才能满足理想气体状态方程,而把遵守气体定律的气体称为理想气体。

阅读材料,了解压缩系数Z的含义,解释1 mol气体的压缩系数曲线图,以及理解范德华方程。

【提出问题】40 ℃时,1.00 mol CO_2放在1.20 dm^3容器中,实验测得其压力为1.97 MPa。试分别用理想气体状态方程和范德华方程计算其压力,并与实验值比较。

【教师过渡】我们在高中阶段已经接触过可逆反应和平衡常数的概念。

【提出问题】化学平衡常数有何意义呢?

【总结】平衡常数的数值大小可以判断反应进行的程度,估计反应的可能性。

【提出问题】平衡常数除了可以用浓度表示外，气相反应的平衡常数还常用分压或摩尔分数进行表示，试写出 $N_2(g) + 3H_2(g) \xrightarrow[\text{催化剂}]{\text{高温高压}} 2NH_3(g)$ 的平衡常数 K_c、K_p 和 K_x，并试着推算出三者之间的关系。

【交流讨论】在现实中，一种物质往往同时参与几种反应，拥有几种平衡，这种现象叫作多重平衡。例如，当气态的二氧化硫、三氧化硫、一氧化氮、二氧化氮和氧气在一个反应器中共存时，至少会有下述3种平衡关系共存：

① $SO_2(g) + \dfrac{1}{2}O_2(g) \Longleftrightarrow SO_3(g)$ K_{p1}

② $NO_2(g) \Longleftrightarrow NO(g) + \dfrac{1}{2}O_2(g)$ K_{p2}

③ $SO_2(g) + NO_2(g) \Longleftrightarrow SO_3(g) + NO(g)$ K_{p3}

其中 SO_2 既参与平衡①，又参与平衡③，因为处于同一个体系中，SO_2 的分压可能有一个数值，即 K_{p1} 中的 $p(SO_2)$ 和 K_{p3} 中的 $p(SO_2)$ 必定是相等的。因此三个平衡常数之间存在某种联系，试说明三者的联系。

三、学业要求

（1）掌握理想气体状态方程及其应用，掌握混合气体分压定律及运用范围，了解气体扩散理论，了解实际气体和范德华修正方程。

（2）通过科学阅读，学会阅读科学类文章的策略，促进学生主动学习化学的兴趣，挖掘自身潜能。

（3）提升对科学发展的认识，帮助学生形成积极的化学理念和社会价值取向。

第4节　生物奥赛——光合作用

一、光合作用的实质

光合作用的实质可以概括为利用无机物合成有机物，将光能转变为化学能并贮存在有机物中。

二、叶绿体和光合色素

1. 叶绿体

叶绿体是进行光合作用的细胞器。在显微镜下观察，高等植物的叶绿体大多数呈椭圆形，一般直径约为 3~6 μm，厚约为 2~3 μm。如图 8-7 所示为叶绿体结构。

结构 { 外膜
　　　 内膜　具有控制代谢物质进出叶绿体的功能
　　　 基粒　光反应进行的场所
　　　 基质　暗反应进行的场所

图 8-7　叶绿体结构

光合作用的光能转换功能是在类囊体膜上进行的，所以类囊体膜亦称为光合膜。

2. 光合色素

光合色素位于类囊体膜中，其种类、颜色和吸收的可见光段如图 8-8 所示。

光合色素 { 叶绿素a(蓝绿色)　}叶绿素——主要吸收蓝光和红光
　　　　　 叶绿素b(黄绿色)
　　　　　 胡萝卜素(橙黄色) }类胡萝卜素——主要吸收蓝光
　　　　　 叶黄素(黄色)

图 8-8　光合色素构成

吸收光谱只说明光合色素吸收的光段，不能进一步说明这些被吸收的光段在光合作用中的效率。要了解各种被吸收光段的效率还须研究光合作用的作用光谱。不同波长光下的光合效率称为作用光谱。

荧光现象是指叶绿素溶液在透射光下呈绿色，而在反射光下呈红色的现象。

磷光现象是指叶绿素在去掉光源后，还能继续辐射出极微弱的红光（用精密仪器测得）的现象。

三、光合作用的过程

（一）光合作用过程的概述

从反应场所和反应条件来看，光合作用过程可分为光反应和暗反应。

（1）光反应包括水的光解、O_2的释放，以及 ATP 和 NADPH（还原辅酶Ⅱ）的生成。反应场所是叶绿体的类囊体膜，且需要光。

（2）暗反应利用光反应形成的 ATP 和 NADPH，将 CO_2 还原为糖。反应场所是叶绿体基质中，不需要光。

从能量转换角度来看，光合作用过程可分为下列三大步骤：

（1）光能的吸收、传递和转换为电能的过程（通过原初反应完成）。

（2）电能转化为活跃的化学能过程（通过电子传递和光合磷酸化完成）。

（3）活跃的化学能转变为稳定的化学能过程（通过碳同化完成）。

前两个步骤属于光反应，第三个步骤属于暗反应。

（二）光合作用的具体过程

1. 光能的吸收、传递和转换

原初反应：光合作用最初的反应，包括光合色素对光能的吸收、传递及将光能转换为电能的具体过程，如图 8-9 所示。

原初反应的能量吸收、传递与转换图解如下：

① 粗的波浪箭头表示光能的吸收；

② 细的波浪箭头表示能量的传递；

③ 直线箭头表示电子传递；

④ 空心圆圈代表聚光叶绿素分子；

⑤ 黑点圆圈代表类胡萝卜素等辅助色素分子；

⑥ P：反应中心色素分子；

⑦ D：原初电子供体；

⑧ A：原初电子受体；
⑨ e：电子。

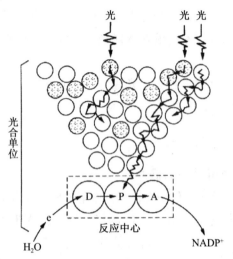

图 8-9 原初反

光合色素按功能可分为以下两类：
（1）一类具有吸收和传递光能的作用，包括绝大多数的叶绿素 a，以及全部的叶绿素 b、胡萝卜素和叶黄素。
（2）另一类是少数处于特殊状态的叶绿素 a，这种叶绿素 a 能够捕获光能，并将受光能激发的电子传送给相邻的电子受体。

在类囊体膜中，上述色素并非散乱地分布着，而是与各种蛋白质结合成复合物，共同形成被称作光系统的大型复合物。

光系统：由光合色素组成的特殊功能单位，分为光系统Ⅰ和光系统Ⅱ。每一个系统包含 250~400 个叶绿素和其他色素分子。两个光系统之间有电子传递链相连接。

光系统Ⅰ（PSⅠ）：作用中心色素为 P700，P700 被激发后，把电子供给 Fd。

光系统Ⅱ（PSⅡ）：作用中心色素为 P680，P680 被激发后，电子供给 pheo（去镁叶绿素），并与水裂解放氧相连。

2. 电能转化为活跃的化学能

水的光解：H_2O 是光合作用中 O_2 的来源，也是光合电子的最终供体。

水光解的反应：$2H_2O \rightarrow O_2 + 4H^+ + 4e^-$。

光合电子传递链（光合链）：是指定位在光合膜上的一系列互相衔接的电子传递体组成的电子传递的总轨道。

由于各电子传递体具有不同的氧化还原电位，负值越大代表还原势越强，正值越大代表氧化势越强，据此排列呈"Z"形，又称为"Z方案"。

光合磷酸化：叶绿体在光下把无机磷酸和ADP转化为ATP，形成高能磷酸键的过程。

3. 活跃的化学能转变为稳定的化学能

碳同化：植物利用光反应中形成的NADPH和ATP将CO_2转化成稳定的碳水化合物的过程，也称为CO_2同化。

碳同化的途径主要有以下几种：

（1）C_3途径。

CO_2的受体是一种戊糖（二磷酸核酮糖，RuBP），故又称为还原戊糖磷酸途径（RPPP）。二氧化碳被固定形成的最初产物是一种三碳化合物（3-磷酸甘油酸），故称为C_3途径。这是卡尔文等在20世纪50年代提出的，故称其为卡尔文循环，如图8-10所示。

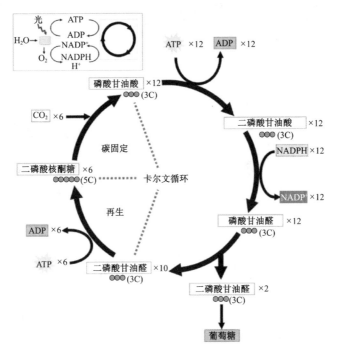

图8-10 卡尔文循环

卡尔文循环具有合成淀粉等有机物的能力，是所有植物光合碳同化的基本途径，大致可分为三个阶段，即羧化阶段、还原阶段和再生阶段。

C_3途径的总反应式：

$3CO_2+5H_2O+3RuBP+9ATP+6NADPH \longrightarrow PGAld+6NADP^++9ADP+9P_i$

可见，要产生 1 mol PGAld（磷酸丙糖分子）需要消耗 3 mol CO_2、9 mol ATP 和 6 mol NADPH。

（2）C_4途径（又叫 Hatch-Slack 途径）。

有些起源于热带的植物，如甘蔗、玉米等，除了和其他植物一样具有卡尔文循环以外，还存在一条固定 CO_2 的途径称为 C_4 途径。按 C_4 途径固定 CO_2 的植物称为 C_4 植物。现已知被子植物中有 20 多个科、近 2 000 种植物中存在 C4 途径。

这些植物固定 CO_2 的最初产物是四碳二羧酸（草酰乙酸），故称为 C4-二羧酸途径，简称 C_4 途径，也叫 Hatch-Slack 途径。

绿色植物的叶片中有由导管和筛管等构成的维管束，围绕着维管束的一圈薄壁细胞叫作维管束鞘细胞。

如图 8-11 所示，C_3 植物叶片中的维管束鞘细胞不含叶绿体，维管束鞘以外的叶肉细胞排列疏松，但都含有叶绿体。

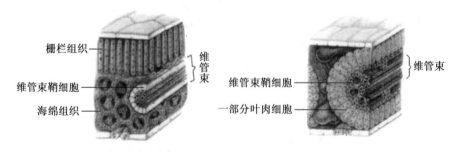

图 8-11　C_3 植物、C_4 植物叶的结构

C_4 植物的叶片中，围绕着维管束的是呈"花环型"的两圈细胞：里面的一圈是维管束鞘细胞，外面的一圈是一部分叶肉细胞。C_4 植物中构成维管束鞘的细胞比较大，里面含有没有基粒的叶绿体，这种叶绿体不仅数量比较多，而且个体比较大，叶肉细胞则含有正常的叶绿体。

C_4 植物具有较高光合速率的因素有：

① C_4 植物的叶肉细胞中的 PEPC 对底物 HCO_3^- 的亲和力极高,细胞中的 HCO_3^- 浓度一般不成为 PEPC 固定 CO_2 的限制因素。

② C_4 植物由于有"CO_2 泵"浓缩 CO_2 的机制,使得 BSC 中有高浓度的 CO_2,从而促进 Rubisco 的羧化反应,降低了光呼吸,且光呼吸释放的 CO_2 又易被再固定。

③ 高光强又可推动电子传递与光合磷酸化,产生更多的同化力,以满足 C_4 植物 PCA 循环对 ATP 的额外需求。

④ 鞘细胞中的光合产物可就近运入维管束,从而避免了光合产物累积对光合作用可能产生的抑制作用。

但 C_4 植物同化 CO_2 消耗的能量比 C_3 植物多,也可以说这个"CO_2 泵"是要由 ATP 来开动的,故在光强及温度较低的情况下,其光合效率还低于 C_3 植物。可见 C_4 途径是植物光合碳同化对热带环境的一种适应方式。C_3 途径、C_4 途径过程如图 8-12 所示。

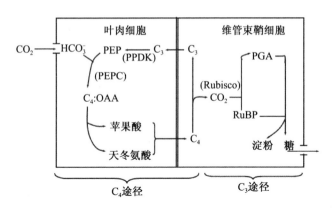

图 8-12　C_3 途径、C_4 途径过程

(3) 景天科酸代谢途径(CAM)。

干旱地区的景天科、仙人掌科、菠萝等植物有一个特殊的 CO_2 同化方式。晚上气孔开放,吸进 CO_2,在 PEP 羧化酶作用下,与 PEP 结合,形成 OAA,进一步还原为苹果酸,累积于液泡中。白天气孔关闭,液泡中的苹果酸便运到胞质溶胶,在 NADP 苹果酸酶的作用下,氧化脱羧,放出 CO_2,参与卡尔文循环,形成淀粉等。这类植物体内白天糖分含量高,而夜间有机酸含量高。具有这种有机酸合成日变化类型的光合碳代谢称为景天科酸代谢。

植物的光合碳同化途径具有多样性，这也反映了植物对生态环境多样性的适应能力。但 C_3 途径是最基本、最普遍的途径，也只有该途径才可以生成碳水化合物；C_4 途径和 CAM 途径都只起固定 CO_2 的作用，最终还是要通过 C_3 途径合成光合产物。

第5节 信息奥赛——数据结构之线性表

一、数据类型与数据结构

数据类型用来表示数据元素的特性,数据结构用来描述数据元素之间的关系。

数据元素之间的关系有四种:

(1)集合:同数学中的集合概念,结构中的数据元素之间除了同属于一个集合外,别无其他关系。

(2)线性表:数据元素之间为一对一的关系。

(3)树:数据之间存在一对多的关系。

(4)图:数据之间存在多对多的关系。

二、线性表

(1)概念:线性表是 $N(N \geq 0)$ 个数据元素的有限序列。

(2)特征:① 数据表中的元素具有相同的特性(相同的数据类型);② 元素之间具备线性关系(有顺序,并且是一对一的关系)。

(3)相关名词:表头、表尾。

(4)线性表的应用实例:排队时的队列,一个包含班上全体学生成绩的表。

例题:

线性表是 (　　)

A. 有限序列,可以为空　　B. 有限序列,不能为空

C. 无限序列,可以为空　　D. 无限序列,不能为空

三、常用的两种线性表模型

1. 队列

特点:只能在表的一端进行插入,在表的另一端进行删除。

相关名词:队首、队尾。

2. 堆栈

特点：只能在表的一端进行插入和删除操作。

相关名词：栈顶、栈底。

应用：求解数学表达式、实现递归算法。

例题：

设栈 S 的初始状态为空，现有 1 个由 5 个元素组成的序列（1，2，3，4，5），对该序列在 S 栈上依次进行如下操作（从序列中的 1 开始，出栈后不再进栈）：进栈、进栈、进栈、出栈、进栈、出栈、进栈。请问出栈的元素序列是怎样的？

四、线性表的存储

（1）顺序存储。按数据元素在存储器中的相对位置来表示数据元素间的逻辑关系。用一维数组来描述顺序存储结构，二维数组的每一个元素为一个线性表。

（2）链表存储。用一组任意的存储单元来存储数据元素，元素之间的关系通过指针来表现。

两种存储结构的特点对比：

顺序表：必须用一组连续的内存地址存储，插入和删除元素的难度大，存取数据快（只要确定了起始位置，线性表中任一数据元素可随机存取）。

链表：内存地址可以是连续的，也可以是不连续的，插入和删除元素简单（不需要移动元素，只需修改头尾指针即可），存取数据慢。

第9章

大学先修类课程校本化案例

第1节 曲边梯形的面积

任务1：情景引入

问题：我们在小学、初中就学习过平面图形面积的求法，基本上求的都是规则的平面图形，但现实生活中，我们接触得更多的是不规则的平面图形。对于不规则的图形我们该如何求面积呢？

方法1 将图形放在坐标纸上，相当于将图形分割，看它有多少个"单位面积"。

方法2 将图形从内外两个方向用规则图形（或规则图形的组合）逼近。

方法3 将图形用一个正方形围住，然后随机地向正方形内扔"点"（如小石子等小颗粒），当点数 P 足够大时，统计落入不规则图形中的点数 A，则图形的面积与正方形面积比约为 $A:P$。

方法4 "称量"面积：在正方形区域内均匀铺满一层细沙，分别称得重量是 P（正方形区域内细沙重）、A（所求图形内细沙重），则所求图形的面积与正方形面积比约为 $A:P$。

任务2：曲边梯形的面积的计算

思考1：什么是连续函数？

【答案】直观地说，如果函数 $y=f(x)$ 在区间 I 上的图像是连续不断的曲线，那么我们就把它称为区间 I 上的连续函数。比如，函数 $y=x^2$，$y=\sqrt{x}$。

思考2：什么是曲边梯形？

【答案】如图9-1所示，阴影部分类似于一个梯形，但有一条边是曲线 $y=f(x)$ 的一段，我们把由 $x=a, x=b (a \neq b), y=0$ 和曲线 $y=f(x)$ 所围成的图形称为曲边梯形。

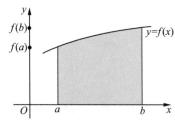

图9-1 曲边梯形

思考3：如何计算这个曲边梯形的面积？

探究1：可以采用分割的方法。怎样分割？分割成多少个？分成怎样的形状？有几种方案？（分割）

【答案】方案一：不足矩形分割；方案二：过剩矩形分割；方案三：梯形分割，如图9-2所示。

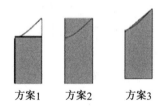

图9-2 分割方案

探究2：采用哪种方案比较好？写出分割的几何图形面积的计算式。（近似代替、求和）

【答案】方案一与方案二在计算面积的时候有一定优势。

探究3：如何用数学的形式表达分割的几何图形越来越多？（取极限）

【答案】分割 n 等分，当 n 趋向于 $+\infty$，分割的图形越来越多，面积和为 $\sum_{i=1}^{n} s_i$，取极限 $s = \lim_{n \to +\infty} \sum_{i=1}^{n} s_i$。

探究4：采用过剩求和与不足求和法所得到的结果一样，其意义是什么？（夹逼定理的意义）

【答案】在无限分割后，方案一从不足向原曲边梯形的面积逼近；方案二从过剩向原曲边梯形的面积逼近。结果是一样的，都是原曲边梯形的面积。

典例：教材中求图中阴影部分（由抛物线 $f(x) = x^2$，直线 $x = 1$ 以及 x 轴所围成的平面图形）的面积 S，如图9-3所示。

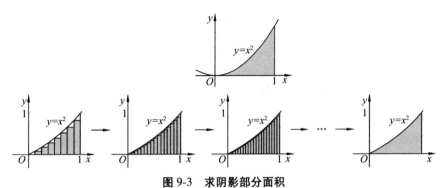

图9-3 求阴影部分面积

思考：（1）曲边梯形与"直边图形"的区别？

（2）能否将求这个曲边梯形面积 S 的问题转化为求"直边图形"面

积的问题？

【分析】曲边梯形与"直边图形"的主要区别：曲边梯形有一边是曲线段，"直边图形"的所有边都是直线段。可以应用"以直代曲"的思想。

【求解过程】

（1）分割。

在区间 $[0, 1]$ 上等间隔地插入 $n-1$ 个点，将区间等分成 n 个小区间：

$$\left[0, \frac{1}{n}\right], \left[\frac{1}{n}, \frac{2}{n}\right], \cdots, \left[\frac{n-1}{n}, 1\right]$$

记第 i 个区间为 $\left[\frac{i-1}{n}, \frac{i}{n}\right]$ $(i = 1, 2, \cdots, n)$，其长度为 $\Delta x = \frac{i}{n} - \frac{i-1}{n} = \frac{1}{n}$。

分别过上述 $n-1$ 个分点作 x 轴的垂线，把曲边梯形分成 n 个小曲边梯形，它们的面积分别记作 $\Delta s_1, \Delta s_2, \Delta s_3, \cdots, \Delta s_n$，显然，$s = \sum_{i=1}^{n} \Delta s_i$。

（2）近似代替。

记 $f(x) = x^2$，当 n 很大时，即 Δx 很小时，在区间 $\left[\frac{i-1}{n}, \frac{i}{n}\right]$ 上，可以认为函数 $f(x) = x^2$ 的变化很小，近似地等于一个常数，不妨认为它近似地等于左端点 $\frac{i-1}{n}$ 处的函数值 $f\left(\frac{i-1}{n}\right)$。从图形上看，就是用平行于 x 轴的直线段近似地代替小曲边梯形的曲边，因此在区间 $\left[\frac{i-1}{n}, \frac{i}{n}\right]$ 上，用小矩形的面积 $\Delta s_i'$ 近似地代替 Δs_i，即在局部小范围内"以直代曲"，则有

$$\Delta s_i \approx \Delta s_i' = f\left(\frac{i-1}{n}\right) \cdot \Delta x = \left(\frac{i-1}{n}\right)^2 \cdot \frac{1}{n} (i = 1, 2, \cdots, n)。$$

（3）求和。

$$s_n = \sum_{i=1}^{n} \Delta s_i \approx \sum_{i=1}^{n} \Delta s_i'$$

$$= \sum_{i=1}^{n} f\left(\frac{i-1}{n}\right) \cdot \Delta x = \sum_{i=1}^{n}\left(\frac{i-1}{n}\right)^2 \cdot \frac{1}{n} \quad (i=1,2,\cdots,n)$$

$$= 0 \cdot \frac{1}{n} + \frac{1}{n^2} \cdot \frac{1}{n} + \cdots + \frac{n-1}{n} \cdot \frac{1}{n}$$

$$= \frac{1}{n^3}\left[1^2 + 2^2 + \cdots + (n-1)^2\right]$$

$$= \frac{1}{n^3} \cdot \frac{(n-1)n(2n-1)}{6}$$

$$= \frac{1}{3}\left(1 - \frac{1}{n}\right)\left(1 - \frac{1}{2n}\right)。$$

(4) 取极限。

$$s = \lim_{n \to +\infty} s_n = \lim_{n \to +\infty} \sum_{i=1}^{n} f\left(\frac{i-1}{n}\right) \cdot \Delta x = \lim_{n \to +\infty} \frac{1}{3}\left(1 - \frac{1}{n}\right)\left(1 - \frac{1}{2n}\right) = \frac{1}{3}。$$

第 2 节　汽车行驶的路程

一、学习目标

掌握求汽车行驶路程的方法和步骤，体会"以不变代变"的逼近思想。

二、学习重难点

重点：求汽车行驶路程的"四步曲"。
难点："以不变代变"逼近思想的形成过程及运用。

三、知识链接

（1）物体运动的路程与时间的关系是 $s(t)=2t$，则速度为_____，此物体做_____运动。

（2）物体运动的路程与时间的关系是 $s(t)=-\dfrac{1}{3}t^3+4t$，则速度为_____，此物体做_____运动。

（3）物体运动的路程与时间的关系是 $s(t)=-\dfrac{1}{3}t^3+4t$，则速度为_____，此物体做_____运动。

（4）求曲边梯形面积的"四步曲"为_____、_____、_____、_____。

四、学习过程

探究：如果汽车做变速直线运动，在时刻 t 的速度为 $v(t)=-t^2+2$（km/h），那么它在 $0 \leqslant t \leqslant 1$ 时间段内行驶的路程 s 是多少千米？

分析：与求曲边梯形面积类似，采取"以不变代变"的逼近方法，将时间段 $[0,1]$ 等分成 n 个小区间，在每个小区间上，由于速度变化很小，就可以认为汽车做匀速直线运动，从而求得汽车在每个小区间上行驶路程的近似值，再求和得到 s 的近似值，最后让 n 趋向于无穷大就得到 s 的精确值。

求解步骤：(1) 分割；(2) 近似代替；(3) 求和；(4) 取极限。

问题1：结合课本和上述探究结果，你能发现分别选取时刻 $\frac{i-1}{n}$，$\frac{i}{n}$ 处的函数值 $v\left(\frac{i-1}{n}\right)$，$v\left(\frac{i}{n}\right)$ 作为速度的近似值时，得到的汽车行驶路程之间有什么关系吗？

答：_____。（填"相等"或"不等"）

问题2：根据问题1，取任意 $\xi_i \in \left[\frac{i-1}{n}, \frac{i}{n}\right]$ 处的函数值 $v(\xi_i)$ 作为速度的近似值，都有_____。

问题3：汽车行驶的路程 s 与由直线 $t=0$，$t=1$，$v=0$ 和曲线 $v=-t^2+2$ 所围成的曲边梯形的面积有什么关系？_____．（填"相等"或"不等"）

归纳小结：

如果物体做变速运动，速度函数为 $v(x)$，求它在时间段 $[a,b]$ 内所做的位移 s，就是求由直线 $x=a$，$x=b$（$a<b$），$y=0$ 和曲线 $s=v(x)$ 围成的曲边梯形的面积。

其方法就是"四步曲"，即分割—近似代替—求和—取极限。

五、基础达标题

一辆汽车在笔直的公路上变速行驶，设汽车在时刻 t 的速度为 $v(t)=-t^2+5$（t 的单位：h；v 的单位：km/h），试计算这辆汽车在 $0\leqslant t\leqslant 2$ 这段时间内行驶的路程 s（单位：km）。

第 3 节　定积分的概念

一、学习目标

（1）了解定积分的概念和性质，能用定积分的定义求简单的定积分。

（2）理解定积分的几何意义。

二、学习重难点

重点：定积分的概念，用定义求简单的定积分。

难点：定积分的概念，理解定积分的几何意义。

三、知识链接

（1）回忆求曲边梯形面积、变速运动的路程的"四步曲"法则。

（2）求曲边梯形面积的公式_____；求变速直线运动路程的公式_____。

四、学习过程

知识点一：定积分的概念

一般地，设函数 $f(x)$ 在区间 $[a,b]$ 上连续，用分点 $a=x_0<x_1<x_2<\cdots<x_{i-1}<x_i<\cdots<x_n=b$ 将区间 $[a,b]$ 等分成 n 个小区间，每个小区间长度为 Δx（$\Delta x=$_____），在每个小区间 $[x_{i-1},x_i]$ 上取一点 $\xi_i(i=1,2,\cdots,n)$，写出和式：

$$S_n = \sum_{i=1}^{n} f(\xi_i)\Delta x = \sum_{i=1}^{n} \frac{b-a}{n} f(\xi_i)。$$

如果 Δx 无限趋近于 0（即 $n\to+\infty$）时，上述和式 S_n 无限趋近于常数 S，那么称该常数 S 为函数 $f(x)$ 在区间 $[a,b]$ 上的_____。记为 $S=$_____，其中 $f(x)$ 称为_____，x 叫作

_____，$[a,b]$ 为积分区间，b 叫作_____，a 叫作积分下限。

说明：

（1）定积分 $\int_a^b f(x)\mathrm{d}x$ 是一个常数，即 S_n 无限趋近的常数 $S(n\to+\infty)$ 称为 $\int_a^b f(x)\mathrm{d}x$，而不是 S_n。

（2）用定义求定积分的一般方法是：① 分割，n 等分区间 $[a,b]$；② 近似代替，取点 $\xi_i\in[x_{i-1},x_i]$；③ 求和，$\sum_{i=1}^{n}\dfrac{b-a}{n}f(\xi_i)$；④ 取极限，$\int_a^b f(x)\mathrm{d}x=\lim\limits_{n\to\infty}\sum_{i=1}^{n}f(\xi_i)\dfrac{b-a}{n}$。

（3）曲边梯形面积：$S=\int_a^b f(x)\mathrm{d}x$；变速运动路程 $s=\int_{t_1}^{t_2}v(t)\mathrm{d}t$；变力做功 $W=\int_a^b F(r)\mathrm{d}r$。

考考你：

（1）$\int_a^b f(x)\mathrm{d}x$ _____ $\int_a^b f(t)\mathrm{d}t$（填"大于""小于""等于"），这说明定积分与积分变量的记法_____（填"有关"或"无关"）。

（2）特例：$\int_a^a f(x)\mathrm{d}x=$ _____。

知识点二：定积分的几何意义

问题1：你能根据图9-4说出定积分的几何意义吗？

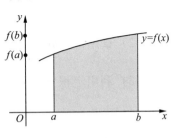

图9-4 问题1

问题2：根据定积分的几何意义，你能用定积分表示图 9-5 中阴影部分的面积吗？

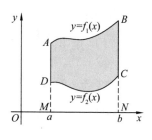

图 9-5　问题 2

问题3：写出定积分的性质。

(1) $\int_a^b kf(x)\mathrm{d}x = $ _____（k 为常数）。

(2) $\int_a^b [f_1(x) \pm f_2(x)]\mathrm{d}x = $ _____。

(3) $\int_a^b f(x)\mathrm{d}x = $ _____（其中 $a<c<b$）。

问题4：你能从定积分的几何意义解释上述性质(3)吗？

例题：利用定积分的定义计算 $\int_0^1 x^2 \mathrm{d}x$ 的值。

五、练习测试

(1) 计算 $\int_0^2 x^3 \mathrm{d}x$ 的值，并从几何上解释这个值表示什么。

(2) 试用定积分的几何意义说明 $\int_0^1 \sqrt{1-x^2}\mathrm{d}x$ 的大小。

(3) 利用定积分的定义，证明 $\int_a^b 1\mathrm{d}x = b-a$，其中 a，b 均为常数且 $a<b$。

(4) 求 $\int_{-3}^3 (\sqrt{9-x^2} - x^3)\mathrm{d}x$ 的值。

第4节 质点运动的描述

一、参照系、坐标系、质点

1. 参照系

为描述物体运动而选择的参考物体系叫作参照系。

2. 坐标系

为了定量地研究物体的运动,要选择一个与参照系相对静止的坐标系,如图9-6所示。

说明:参照系、坐标系可任意选择,视处理问题方便而定。

3. 质点

忽略物体的大小和形状,把它看作一个具有质量、占据空间位置的物体,这样的物体称为质点。

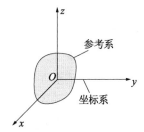

图9-6 坐标系

说明:

(1)质点是一种理想模型,而不真实存在(物理中有很多理想模型)。

(2)质点突出了物体的两个基本性质:具有质量、占有位置。

(3)物体能否视为质点是有条件的、相对的。

二、位置矢量、运动方程、轨迹方程、位移

1. 位置矢量

定义:由坐标原点到质点所在位置的矢量,简称位矢或径矢。如图9-7所示,取直角坐标系,r为质点P的位置矢量

$$r = x\boldsymbol{i} + y\boldsymbol{j} + z\boldsymbol{k},$$

位矢大小为

$$r = |\boldsymbol{r}| = \sqrt{x^2 + y^2 + z^2},$$

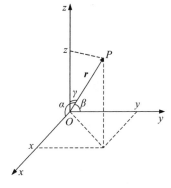

图9-7 矢量坐标定义

r 的方向可由方向余弦确定：

$$\cos\alpha = \frac{x}{r}, \cos\beta = \frac{y}{r}, \cos\gamma = \frac{z}{r}。$$

2. 运动方程

质点的位置坐标是时间的函数，称为运动方程。

运动方程的表示：

矢量式 $r(t) = x(t)\boldsymbol{i} + y(t)\boldsymbol{j} + z(t)\boldsymbol{k}$，

标量式 $x = x(t), y = y(t), z = z(t)$。

3. 轨迹方程

从标量式中消去 t，可得出 x, y, z 之间的关系式。如平面上运动质点的运动方程为 $x = t, y = t^2$，得轨迹方程为 $y = x^2$（抛物线）。

4. 位移

以平面运动为例，取直角坐标系，如图 9-8 所示，设 $t, t+\Delta t$ 时刻，质点位矢分别为 r_1, r_2，则 Δt 时间间隔内，位矢变化为

$$\Delta r = r_2 - r_1，$$

称 Δr 为该时间间隔内质点的位移。

$$\Delta r = r_2 - r_1 = (x_2 - x_1)\boldsymbol{i} + (y_2 - y_1)\boldsymbol{j}，$$

大小为

$$|\Delta r| = \sqrt{(x_2-x_1)^2 + (y_2-y_1)^2}。$$

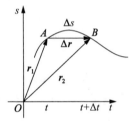

图 9-8 Δr 的坐标定义

讨论：

（1）比较 Δr 与 r：二者均为矢量，前者是过程量，后者为瞬时量。

（2）比较 Δr 与 Δs（$A \to B$ 路程）：二者均为过程量，前者是矢量，后者是标量。一般情况下，$|\Delta r| \neq \Delta s$，当 $\Delta t \to 0$ 时，$|\Delta r| = \Delta s$。

（3）什么运动情况下，均有 $|\Delta r| = \Delta s$？

三、速度

为了描述质点运动快慢及方向，引入速度概念。

1. 平均速度

如图 9-8 所示，定义

$$\bar{\boldsymbol{v}} = \frac{\Delta r}{\Delta t}，$$

称 $\bar{v}$ 为 t 到 $t+\Delta t$ 时间间隔内质点的平均速度。

$$\bar{v}=\frac{\Delta r}{\Delta t}=\frac{\Delta x}{\Delta t}\boldsymbol{i}+\frac{\Delta y}{\Delta t}\boldsymbol{j}=v_x\boldsymbol{i}+v_y\boldsymbol{j}。$$

方向：同 Δr 的方向。

说明：$\bar{v}$ 与时间间隔（t 到 $t+\Delta t$）相对应。

2. 瞬时速度

$\bar{v}$ 粗略地描述了质点的运动情况。为了描述质点运动的细节，引入瞬时速度。

定义：

$$v=\lim_{\Delta t\to 0}\bar{v}=\lim_{\Delta t\to 0}\frac{\Delta r}{\Delta t}=\frac{\mathrm{d}r}{\mathrm{d}t},$$

称 v 为质点在 t 时刻的瞬时速度，简称速度，

$$v=\frac{\mathrm{d}r}{\mathrm{d}t}。$$

结论：质点的速度等于位矢对时间的一阶导数。

$$v=\frac{\mathrm{d}r}{\mathrm{d}t}=\frac{\mathrm{d}x}{\mathrm{d}t}\boldsymbol{i}+\frac{\mathrm{d}y}{\mathrm{d}t}\boldsymbol{j}=v_x\boldsymbol{i}+v_y\boldsymbol{j},$$

式中 $v_x=\frac{\mathrm{d}x}{\mathrm{d}t}$，$v_y=\frac{\mathrm{d}y}{\mathrm{d}t}$，$v_x$，$v_y$ 分别为 v 在 x 轴、y 轴方向的速度分量。

v 的大小：

$$|v|=\left|\frac{\mathrm{d}r}{\mathrm{d}t}\right|=\sqrt{\left(\frac{\mathrm{d}x}{\mathrm{d}t}\right)^2+\left(\frac{\mathrm{d}y}{\mathrm{d}t}\right)^2}=\sqrt{v_x^2+v_y^2}。$$

v 的方向：所在位置的切线向前方向。v 与 x 轴正向的夹角 θ 满足 $\tan\theta=\frac{v_y}{v_x}$。

3. 平均速率与瞬时速率

定义：

$$\bar{v}=\frac{\Delta s}{\Delta t}=\frac{t\text{ 到 }t+\Delta t\text{ 内路程}}{\Delta t}。$$

称 $\bar{v}$ 为质点在 t 到 $t+\Delta t$ 时间段内的平均速率。为了描述运动细节，引入瞬时速率。

定义：

$$v = \lim_{\Delta t \to 0} \bar{v} = \lim_{\Delta t \to 0} \frac{\Delta s}{\Delta t} = \frac{\mathrm{d}s}{\mathrm{d}t},$$

称 v 为 t 时刻质点的瞬时速率，简称速率。

当 $\Delta t \to 0$ 时，$\Delta \boldsymbol{r} = \mathrm{d}\boldsymbol{r}$，$\Delta s = \mathrm{d}s$，有 $|\mathrm{d}\boldsymbol{r}| = \mathrm{d}s$。

可知
$$v = \frac{\mathrm{d}s}{\mathrm{d}t} = \frac{|\mathrm{d}\boldsymbol{r}|}{\mathrm{d}t} = \left|\frac{\mathrm{d}\boldsymbol{r}}{\mathrm{d}t}\right| = |\boldsymbol{v}|,$$

即
$$v = |\boldsymbol{v}| = \frac{\mathrm{d}s}{\mathrm{d}t}。$$

结论：质点的速率等于其速度大小或等于路程对时间的一阶导数。

说明：

（1）比较 $\bar{v}$ 与 $\bar{\boldsymbol{v}}$：二者均为过程量，前者为标量，后者为矢量。

（2）比较 v 与 $\boldsymbol{v}$：二者均为瞬时量，前者为标量，后者为矢量。

四、加速度

为了描述质点速度变化的快慢，引入加速度的概念。

1. 平均加速度

定义：
$$\bar{\boldsymbol{a}} = \frac{\Delta \boldsymbol{v}}{\Delta t} = \frac{\boldsymbol{v}_2 - \boldsymbol{v}_1}{\Delta t} \quad （图 9\text{-}9），$$

称 $\bar{\boldsymbol{a}}$ 为 t 到 $t+\Delta t$ 时间间隔内质点的平均加速度。

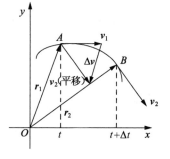

图 9-9　定义加速度

2. 瞬时加速度

为了描述质点运动速度变化的细节，引入瞬时加速度。

定义：
$$\boldsymbol{a} = \lim_{\Delta t \to 0} \bar{\boldsymbol{a}} = \lim_{\Delta t \to 0} \frac{\Delta \boldsymbol{v}}{\Delta t} = \frac{\mathrm{d}\boldsymbol{v}}{\mathrm{d}t},$$

称 $\boldsymbol{a}$ 为质点在 t 时刻的瞬时加速度，简称加速度，

$$\boldsymbol{a} = \frac{\mathrm{d}\boldsymbol{v}}{\mathrm{d}t} = \frac{\mathrm{d}^2 \boldsymbol{r}}{\mathrm{d}t}。$$

结论：加速度等于速度对时间的一阶导数或位矢对时间的二阶导数。

$$a = \frac{dv}{dt} = \frac{dv_x}{dt}i + \frac{dv_y}{dt}j = \frac{d^2x}{dt^2}i + \frac{d^2y}{dt^2}j,$$

式中，$a_x = \frac{dv_x}{dt} = \frac{d^2x}{dt^2}$，$a_y = \frac{dv_y}{dt} = \frac{d^2y}{dt^2}$。$a_x$，$a_y$ 分别称为 a 在 x 轴、y 轴上的分量值。

a 的大小：

$$|a| = \sqrt{a_x^2 + a_y^2} = \sqrt{\left(\frac{dv_x}{dt}\right)^2 + \left(\frac{dv_y}{dt}\right)^2} = \sqrt{\left(\frac{d^2x}{dt^2}\right)^2 + \left(\frac{d^2y}{dt^2}\right)^2}。$$

a 的方向：a 与 x 轴正向的夹角 θ 满足 $\tan\theta = \frac{a_x}{a_y}$。

说明：a 沿 $\overline{v}$ 的极限方向，一般情况下，a 与 v 方向不同（如不计空气阻力的斜上抛运动）。

综上所述，各变量汇总如下：

瞬时量：r，v，v，a；

过程量：Δr，$\overline{v}$，$\overline{v}$，$\overline{a}$；

矢量：r，Δr，$\overline{v}$，v，$\overline{a}$，a；

标量：Δs，$\overline{v}$，v。

五、直线运动

质点做直线运动，如图 9-10 所示。

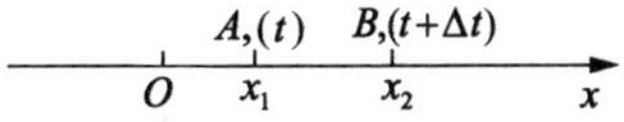

1. 位移

$$\Delta r = r_2 - r_1 = x_2 i - x_1 i = \Delta x i,$$

图 9-10 直线运动

$\Delta x > 0$，Δr 沿 x 轴正方向；$\Delta x < 0$，Δr 沿 x 轴负方向。

2. 速度

$$v = \frac{dr}{dt} = \frac{dx}{dt}i = v_x i,$$

$v_x > 0$，v 沿 x 轴正方向；$v_x < 0$，v 沿 x 轴负方向。

3. 加速度

$$a = \frac{dv}{dt} = \frac{dv_x}{dt}i = a_x i,$$

$a_x > 0$，a 沿 x 轴正方向；$a_x < 0$，a 沿 x 轴负方向。

由上可见，一维运动情况下，由 Δx，v_x，a_x 的正负就能判断位移、速度和加速度的方向，故一维运动可用标量式代替矢量式。

六、例题解析

运动类问题可以通过微分或积分解决。以下举例说明。

例1 已知一质点的运动方程为 $\boldsymbol{r}=2t\boldsymbol{i}+(2-t^2)\boldsymbol{j}$，求：

(1) $t=1$ s 和 $t=2$ s 时的位矢；

(2) $t=1$ s 到 $t=2$ s 内的位移；

(3) $t=1$ s 到 $t=2$ s 内质点的平均速度；

(4) $t=1$ s 和 $t=2$ s 时质点的速度；

(5) $t=1$ s 到 $t=2$ s 内的平均加速度；

(6) $t=1$ s 和 $t=2$ s 时质点的加速度。

解 （1）$\boldsymbol{r}_1=2\boldsymbol{i}+\boldsymbol{j}$，$\boldsymbol{r}_2=4\boldsymbol{i}-2\boldsymbol{j}$。（m）

(2) $\Delta\boldsymbol{r}=\boldsymbol{r}_2-\boldsymbol{r}_1=2\boldsymbol{i}-3\boldsymbol{j}$。（m）

(3) $\bar{\boldsymbol{v}}=\dfrac{\Delta\boldsymbol{r}}{\Delta t}=\dfrac{2\boldsymbol{i}-3\boldsymbol{j}}{2-1}=2\boldsymbol{i}-3\boldsymbol{j}$。（m/s）

(4) $\boldsymbol{v}=\dfrac{\mathrm{d}\boldsymbol{r}}{\mathrm{d}t}=2\boldsymbol{i}-2t\boldsymbol{j}$，$\boldsymbol{v}_1=2\boldsymbol{i}-2\boldsymbol{j}$，$\boldsymbol{v}_2=2\boldsymbol{i}-4\boldsymbol{j}$。（m/s）

(5) $\bar{\boldsymbol{a}}=\dfrac{\Delta\boldsymbol{v}}{\Delta t}=\dfrac{\boldsymbol{v}_2-\boldsymbol{v}_1}{\Delta t}=\dfrac{-2\boldsymbol{j}}{2-1}=-2\boldsymbol{j}$。（m/s²）

(6) $\boldsymbol{a}=\dfrac{\mathrm{d}^2\boldsymbol{r}}{\mathrm{d}t^2}=\dfrac{\mathrm{d}\boldsymbol{v}}{\mathrm{d}t}=-2\boldsymbol{j}$。（m/s²）

例2 一质点沿 x 轴运动，已知加速度为 $a=4t$，初始条件为：$t=0$ 时，$v_0=0$，$x_0=10$ m。求运动方程。

解 取质点为研究对象，由加速度定义有

$$a=\dfrac{\mathrm{d}v}{\mathrm{d}t}=4t（一维可用标量式），$$

$$\Rightarrow \mathrm{d}v=4t\mathrm{d}t。$$

由初始条件有

$$\int_0^v \mathrm{d}v = \int_0^t 4t\mathrm{d}t,$$

得

$$v=2t^2。$$

由速度定义得

$$v=\dfrac{\mathrm{d}x}{\mathrm{d}t}=2t^2,$$

$$\Rightarrow dx = 2t^2 dt。$$

由初始条件得

$$\int_{10}^{x} dx = \int_{0}^{t} 2t^2 dt。$$